Liederkunde zum Evangelischen Gesangbuch

Im Auftrag der Evangelischen Kirche in Deutschland
gemeinschaftlich mit

Bernhard Leube und Andreas Marti

herausgegeben von

Ilsabe Alpermann und Martin Evang

Ausgabe in Einzelheften

Heft 31

Vandenhoeck & Ruprecht

Verzeichnis der Mitarbeiterinnen und Mitarbeiter

Alpermann, Dr. Ilsabe (s. Heft 30): EG 308 T, 328 T, 423, 438 T, 439 T * *Besser, Beate* (s. Heft 30): EG 308 M * *Dehlinger, Frieder*, Pfarrer im Amt für Kirchenmusik, Stuttgart: EG 287, 374 * *Dremel, Dr. Erik* (s. Heft 30): EG 429 M * *Evang, Dr. Martin* (s. Heft 19): EG 427 T * *Käthler, Hannah Sophie*, BA Musikwissenschaft/ Stud. Theologie, Berlin: EG 332 * *Klek, Dr. Konrad* (s. Heft 21): EG 330 M, 399 M * *Kornemann, Helmut*† (s. Heft 1): EG 420 * *Lauterwasser, Dr. Helmut* (s. Heft 17): EG 342 M * *Leube, Bernhard* (s. Heft 17): EG 356 * *Lorbeer, Dr. Lukas* (s. Heft 23): EG 342 T, 399 T * *Marti, Dr. Andreas* (s. Heft 25): EG 328 M, 333, 427 M, 438 M, 439 M * *Mildenberger, Dr. Irene*, Pfarrerin und Dozentin für Liturgik, Bayreuth: EG 330 T * *Schäfer, Dr. Christiane* (s. Heft 25): Hymnologische Nachweise * *Schilling, Dr. Dr. Johannes* (s. Heft 25): EG 445 * *Stalmann, Dr. Joachim* (s. Heft 1): EG 422 * *Wissemann-Garbe, Dr. Daniela* (s. Heft 14/15): Hymnologische Nachweise, Redaktion

Bibliografische Information der Deutschen Bibliothek:
Die Deutsche Nationalbibliothek verzeichnet diese Publikation in der
Deutschen Nationalbibliografie; detaillierte bibliografische Daten
sind im Internet über https://dnb.de abrufbar.

© 2023 Vandenhoeck & Ruprecht, Robert-Bosch-Breite 10, D-37079 Göttingen,
ein Imprint der Brill-Gruppe
(Koninklijke Brill NV, Leiden, Niederlande; Brill USA Inc., Boston MA,
USA; Brill Asia Pte Ltd, Singapore; Brill Deutschland GmbH, Paderborn,
Deutschland; Brill Österreich GmbH, Wien, Österreich)
Koninklijke Brill NV umfasst die Imprints Brill, Brill Nijhoff, Brill Hotei,
Brill Schöningh, Brill Fink, Brill mentis, Vandenhoeck & Ruprecht,
Böhlau, V&R unipress und Wageningen Academic.
Alle Rechte vorbehalten. Das Werk und seine Teile sind urheberrechtlich geschützt.
Jede Verwertung in anderen als den gesetzlich zugelassenen Fällen bedarf der vorherigen
schriftlichen Einwilligung des Verlages.

Satz: textformart, Göttingen
Druck und Bindung: ⊕ Hubert & Co, Göttingen
Printed in the EU

Vandenhoeck & Ruprecht Verlage | www.vandenhoeck-ruprecht-verlage.com

ISBN 978-3-525-50362-1

287 Singet dem Herrn ein neues Lied

EG 287ö   KG 538ö

Text

Verfasser Ps 98,1–2 (Str. 1); Paulus Stein (Str. 2–4) **Entstehung** 1961[1] **Quelle** *Bausteine für den Gottesdienst*, Stuttgart [1965] **Strophenbau** freie rhythmische Verse; nicht gereimt **Abweichungen** Q, KG: 2,4 hat *es* bewahrt **Verbindung TM** wie EG

Melodie

Incipit 1_123_.2 552_11_-6-5_-6_ **Verfasser** Rolf Schweizer **Entstehung/ Quelle** s. o. Text **Tonalität** Pentatonik **Ambitus** G: 9; Z: Kv 87b Str. 4444 **Abweichungen** mit Klavierbegleitung und Instrumentalstimme **Verbindung MT** wie EG * **Übersetzungen:**[2] *Sing to the Lord a new song* (F. Pratt Green, 1972), *Chantez à Dieu un chant nouveau* (E. Pidoux, 1972)

Literatur

HEG II, 293–295.311f ** WGL1 III, 117f; ThustB, 260f/ Nf, 240); ThustL II, 40–42 ** Meyer (²1997) 270f ** SCHWEIZER, Rolf: Vom Singen und Sagen im neuen Lied, in: Lothar Käser (Hg.): Wort und Klang, Bonn **1985**, 113–131 (bes.121) * DERS: Alte und neue Lieder im Wechsel, WEG V (**1998**) 95–99 (bes. 96f) * POSTWEILER, Angela/ LUDWIG, Ulrich: Werkverzeichnis von Rolf Schweizer, Norderstedt 2001 (books on demand), 70f

Während EG 286 in der Tradition des reformierten Liedpsalters Psalm 98 textgetreu nachdichtet, finden wir in EG 287 eine Kombination aus Psalmzitat (Kehrvers und Str. 1) und freier Psalmauslegung (Str. 2–4). Rolf Schweizer hat aus dem Sprachrhythmus der Lutherbibel von 1912 Rhythmus und Melodie gewonnen. In der Form eines Kehrversliedes nimmt er die antiphonale Tradition des Psalmensingens auf: Mit dem Eingangsvers des Psalms als Kehrvers gibt er dem Psalmlied einen Rahmen und einen wiederkehrenden Bezugspunkt. Wie in der traditionellen Psalmodie sind die beiden Strophenhälften parallel gebaut und beginnen auf einer Art Rezitationston.

Anders als im EG angegeben ist das Lied bereits 1961 entstanden. Schweizers damaliges Mannheimer Gegenüber, Jugendpfarrer Paulus Stein, hat in enger Zusammenarbeit mit dem Komponisten die Strophen 2–4 verfasst, wie Schweizer schreibt: „als eigene Textinterpretation auf dem Hintergrund der Psalmaussage [...]. Es kam uns hierbei nicht nur auf eine aktualisierende Sprache, sondern auch auf die Beibehaltung des rhyth-

---

[1] Nach Meyer 1997, 270, wo Schweizer die Datierung des Liedes im EG (1963) explizit korrigiert. Die Datierung 1961 steht z.B. auch in „Beiheft 72 zum Evangelischen Kirchengesangbuch. Ausgabe Niedersachsen.

[2] Cantate domino. An ecumenical hymn book. World Coucil of Churches, Kassel usw. 1974.

mischen Konzepts an."³ Auf Reim und poetische Sprache verzichtet Stein zugunsten einer einerseits möglichst alltagsnahen, andererseits prägnant rhythmischen Sprache.

Der Kehrvers zitiert den großen, an die ganze Welt und die gesamte Schöpfung adressierten Aufruf aus Ps 98,1a: *Singt dem Herrn ein neues Lied* – also ein aktuelles, weil hier und jetzt gültiges, wahres Lied. Dem Aufruf folgt die Begründung: [...] *denn er tut Wunder.* Schweizer übernimmt die zeitlos-präsentische Formulierung der Lutherübersetzung, während die Mehrzahl der Exegeten und Übersetzungen heute Perfekt oder Imperfekt wählen und damit den Bezug zwischen Ps 98 und der bei Deuterojesaja vorhergesagten Befreiung Israels deutlich machen: Das Wunder in Ps 98,1 ist die konkret erfahrene Wende und Befreiung aus dem babylonischen Exil. Die Nähe zwischen Ps 98 und Deuterojesaja in Stimmung, Bildern und Theologie ist groß: Israel hat seine Strafe verbüßt; Gott wendet sich seinem Volk wieder zu und führt es wunderbar in sein Land zurück (Ps 98,3a/ Jes 40,2; Jes 54,7f). Daran erkennen staunend alle Völker die Macht des Gottes Israels (Ps 98,3b/ Jes 52,10). Und ebenso jubelt die ganze Schöpfung (Ps 98,8/ Jes 55,12), denn die jetzt an Israel offenbar gewordene Gerechtigkeit Gottes wird sich in seinem kommenden Gericht für die ganze Erde heilsam und befreiend auswirken (Ps 98,9/ Jes 51,5).

Str. 1 setzt das Bibelzitat mit dem zweiten Vers (nicht mehr ganz wörtlich) fort. Das Wunder, das Gott *mit seinem heiligen Arm* schafft, wirkt *Heil*. Das Motiv der Völkerwelt lassen Schweizer und Stein aus. Damit beginnt der Wechsel vom Psalmzitat zur Psalmauslegung. Str. 2 bringt einen klaren Bruch in Sprache und Sprechrichtung. Das hymnisch-emphatische Bibelwort an alle Völker und Geschöpfe wird von hier an kontrastiert mit einem konkreten seelsorgerlich-missionarischen Wort an eine/n Einzelne/n: ein direkt angesprochenes zeitgenössisch exemplarisches Du. Schweizer und Stein überlegen, wie sie das Wunder, das Gott jetzt wirkt, ihren Zeitgenossen plausibel machen und nahe bringen können. Sie nehmen in einem fiktiven seelsorgerlichen Gespräch verbreitete Einwände der Nachkriegsjahre gegen den Glauben auf und benennen sie: *Gott sei [...] verborgen* – Gott sei ohnmächtig – *Gott sähe nicht*, was einen Menschen *bedrückt*. Sie sprechen diese Zweifel aus – und widersprechen direkt: *Sieh auf dein Leben, Gott hat dich* [orig.: *es*] *bewahrt.* Das Wunder, das Gott tut, wird in Str. 2 in der Erfahrung persönlicher Bewahrung sichtbar. Die direkte, fast konfrontativ verkündigende An- und Widerrede lässt an das in der Nachkriegszeit dominierende Seelsorgekonzept von Hans Asmussen und Eduard Thurneysen denken, Seelsorge sei die Verkündigung des Evangeliums auf den Kopf des Einzelnen zu.

Die Sprache von Str. 3 ist fast schon Alltags-Prosa. Der Blick wendet sich zunächst von Gott weg, ganz auf das seelsorglich angesprochene Du: *Du kennst [...] deinen Weg nicht. – Du weißt nicht [...], was du sollst.* Das Wunder in Str. 3 ist, dass Gott *Hilfe* schickt: *den einen Menschen.* Dabei bleibt offen, ob mit dem einen Menschen der menschgeborene Gott, Jesus Christus, gemeint ist oder ein dem angefochtenen Du begegnender Mitmensch, der ihm in Seelsorge oder Freundschaft Christus vertritt.

Für Str. 4 ist zunächst das in der zweiten Strophe vorbereitete Motiv des Sehens leitend; sie fordert auf, den Blick zu ändern, mit Augen des Vertrauens zu schauen und

---

³ Meyer ²1997, 271.

Gottes Führung zu erkennen: Das Wunder, das Gott tut, kann man *sehen lernen*! Dies impliziert eine seelsorgerliche Herausforderung: Es liegt auch an dir, deiner Verzagtheit, deinem fehlenden Vertrauen, wenn du Gottes Hand und Gottes Wunder nicht sehen kannst! Folgerichtig schließt die Strophe das Gespräch ab mit dem missionarischen Aufruf, Gottes *heute* ausgestreckte *Hand* jetzt couragiert im Glauben zu er*greifen*.

Schweizer und Stein gehen in der Umsetzung von Psalm 98 in ein Gemeindelied einen eigenen Weg: Sie reduzieren den Psalm auf sein stärkstes Wort, fassen dieses im einprägsamen Kehrvers und werben und plädieren in den Strophen in direkter Ansprache für dessen Wahrheit und Verlässlichkeit. Dabei geschieht die erste und stärkste Auslegung des Psalms in EG 287 nicht durch den Strophentext, sondern durch Schweizers Musik. Durch die perkussive Sprachverwendung verleiht er dem Psalmwort höchste Präsenz: markant und beschwingt, einfach, klar und sehr lebendig. Die pentatonische Melodie seines Kehrverses ist fast eine kleine Fanfare: ein Weckruf zu Wachheit und Bewusstheit, heraus aus Trägheit und Zweifel. Die musikalische Qualität und Konsistenz hält die beiden sprachlich und kommunikativ sehr unterschiedlichen Teile, Psalmvertonung und Psalmauslegung, zusammen und führt zu einem in sich stimmigen, starken und zuversichtlichen Lied. Ob es sich bei EG 287 – wie die Zuschreibung im EG nahegelegt – wirklich um ein Lied zu Psalm 98 handelt, muss freilich nochmals erwogen werden. Zu deutlich schneidet die Bearbeitung den ersten Vers aus dem Ganzen des Psalms heraus; zu klar übergeht die Auslegung des Leitverses in den Strophen den biblischen Kontext des Psalms und die Motive in den Versen 3–9 (Israel, die Völkerwelt, die gesamte Schöpfung und das kommende Gericht); zu wenig interessiert die eigentliche Psalmaussage. Im Gotteslob von 1975 war das Lied enthalten, in die Ausgabe von 2013 wurde es nicht wieder aufgenommen. Das mag ein Hinweis darauf sein, dass die „aktualisierende Sprache" der Strophen und das Seelsorgekonzept des sehr direkten Zuspruchs eben auch in den 1960er Jahren, der Entstehungszeit des Liedes, verhaftet bleiben und die eigentlich von Schweizer und Stein intendierte direkte Ansprache heute nicht mehr bewirken. Der Intention der Autoren folgend müssten die Strophen neu, in heute aktuelle Sprache gefasst werden. Alternativ könnte auch ein Versuch unternommen werden, die bislang übergangenen Psalmverse 3–9 in Fortführung der ersten Strophe in die Liedform zu bringen und so auf der von Schweizer in Kehrvers und Str. 1 gelegten Spur zu einem neuen Psalmlied zu kommen.

FRIEDER DEHLINGER

308 Mein Seel, o Herr, muss loben dich

Text

Verfasser Erasmus Alber **Entstehung** Str. 1–2 laut Vorrede zu Quelle a 1534; Str. 3–10 vor Albers Tod 1553; zu einem Zusammenhang mit Albers anderem Magnificat-Lied *Mein lieber Herr, ich preise dich* s. Bill 1975 **Vorlage** Lk 1,46–55 **Quellen** (a, Str. 1–2) *Eyn guot buoch von der Ehe* […] (Francesco Barbaro) *verdeutscht* […] (Erasmus Alber), Hagenau 1536[1] * (b, Str. 1–10) *Fünff außerlesene Geystliche lieder*, Marburg 1555[2] **Ausgaben** W III,1282 (nach Quelle b); Bill 1975, 215 (nach Quelle a) **Strophenbau** A8/4a A8/4a A8/4b A8/4b vgl. Frank 4.58 **Abweichungen** (a) nur 1 achtzeilige Str. (= EG 1–2); 2,1 *und angesehen*; 2,2 *Von nun an wird man* weit; 2,4 *du hast* groß * (b) 5 achtzeilige Strophen; 1,3 *weltlichem bracht*; 1,4 *mich armen*; 2,1 *angesehen*; 2,2 *von nun an wirdt man* weit; 2,4 *denn du hast grosse* Ding; 3,3 *aller eren* wert; 3,4 *billig rümbt* und *ehrt*; 4,1 *in gemein*; 4,2 *wer dich von hertzen* fürcht; 4,4 *wenn er …grosse Gefahr*; 5,2 *fur deiner handt mag nicht* bestehn; 6,4 *gehet* doch *alle* zeit; 7,2 *übstu dein gotliche* Macht; 8,2 *vnd* gedenckst; 8,3 *Israel wiltu helffen*; 8,4 *daß ist dein außerweltes volck*; 9,2 *du ferst an vnß genediglich*; 9,3 *ist geschehen*; 9,4 *angesehen*; 10 *Auch Abraham, dem tewren man, / dem hastu selbst eyn eydt gethan / vnd jm geredt daß himelreich / vnd seinem samen ewiglich*; 11. fehlt **Verbindung TM** in (a) und (b) ohne M * zu einer eigenen M Albers s. Bill 1975, 219 * *Mein Seel, o Gott, muss loben dich*: DKL III/3,Em2A (DKL 1592[06] – geradtaktige Melodie mit 8zeiligen Strn.) * Z I,1747b (DKL 1646[03] – geradtaktige Melodie; mit Halleluja-Refrain) * Z III,5855 (Melodie von 1565 bei Jeep; DKL 1609[07] – geradtaktige Melodie mit 8-zeiligen Strn.) * *Herr Gott, dich loben alle wir* s. Melodiekommentar

Melodie

Incipit -5 1-7 1_3b2_1 -7_ **Verfasser** vermutlich Bartholomäus Gesius **Quelle** *ENCHIRIDIVM Etlicher Deutschen vnd Lateinischen Gesengen mit 4. Stimmen* (Bartholomäus Gesius), Frankfurt an der Oder 1603 (DKL 1603[14]) **Ausgaben** Z I,467; DKL III/4, A1084 **Ambitus** G: 8; Z: 6b46b6b **Abweichungen** Sopran eines 4st. Satzes; Taktangabe 3; Ton höher; Z.2, N 2 mit ♯; Z.3, N 5 *e* [N 7 *es*]; Z.4, N 8 punktierte Ganze **Verbindung MT** in der Q: *Mein Seel, o Gott, muss loben dich*

Literatur

HEKG (Nr. 200) I/2, 319 f; III/2, 55–57; Sb, 305 f; HEG II, 19 f.113–115.243 f ** ThustB, 276/Nf, 255; ThustL II, 77–80 ** KLL (1878–1886) II,82f; Textbände von: DKL III (1993–2010)/1.3, S. 159, III/3, S. 304, III/4, S. 167 ** SCHLUNK 1951, 247 f * BILL, Oswald: „Mein Seel, o Herr, muß loben dich" von Erasmus Alber, JLH 19 (**1975**) 214–221 * RÖSSLER, Martin: Bibliographie der deutschen Liedpredigt, Nieuwkoop **1976**, 264 * WEBER-KELLERMANN, Ingeborg: Das Buch der Weihnachtslieder, Mainz **1982**, Nr. 8 * HANDT, Hartmut:

---

[1] Digitalisat Bayerische Staatsbibliothek München: https://t1p.de/5ova (17.11.2021).
[2] Digitalisat Staatsbibliothek zu Berlin: https://t1p.de/3yoz (17.11.2021).

Liedpredigt: Mein Seel, o Herr, muß loben dich – Ein Lied, das den Umsturz preist, in: STOLZE, Hans-Dieter: Advent. Verkündigung, Liturgie, Feier, Göttingen 1992, 132–135

* STALMANN, Joachim: „Du bist mein Heil, des freu ich mich" – Leben und Lieder des Erasmus Alber (*um 1500 †5. Mai 1553), in: Mecklenburgia sacra 6 (2003) 16–33, bes. 25.31

Verfasser des ganzen Magnifikat-Liedes ist Erasmus Alber.[3] 1555 liegt das Lied mit fünf achtzeiligen Strophen vor. Erst die spätere Melodiezuweisung machte daraus durch Teilung der Strophen ein 10-strophiges Lied mit je vier Zeilen. Die doxologische 11. Strophe ist in der Quelle nicht enthalten. Die Synopse zeigt, wie der Text Lk 1,46b–55 in das Lied Eingang gefunden hat. In den Liedstrophen ist der biblische Text im Wesentlichen verarbeitet, darüber hinaus setzt Alber eigene Akzente.

Lk 1,46b–55			Liedstrophen EG 308
46b.47	Meine Seele erhebt den Herrn, / und mein Geist freuet sich Gottes, meines Heilandes;	1	Mein Seel, o Herr, muss loben dich, du bist mein Heil, des freu ich mich, dass du nicht fragst nach weltlich' Pracht und hast mich Arme nicht veracht'
48	denn er hat die Niedrigkeit seiner Magd angesehen. / Siehe, von nun werden mich seligpreisen alle Kindeskinder.	2	und angesehn mein Niedrigkeit. Des wird von nun an weit und breit mich selig preisen jedermann, weil du groß Ding an mir getan.
49	Denn er hat große Dinge an mir getan, / der da mächtig ist und dessen Name heilig ist.	3	Du bist auch mächtig, lieber Herr, dein große Macht stirbt nimmermehr; dein Nam ist alles Rühmens wert, drum man dich willig preist und ehrt.
50	Und seine Barmherzigkeit währet für und für/ bei denen, die ihn fürchten.	4	Du bist barmherzig insgemein dem, der dich herzlich fürcht' allein, und hilfst dem Armen immerdar, wenn er muss leiden groß Gefahr.
51	Er übt Gewalt mit seinem Arm / und zerstreut, die hoffärtig sind in ihres Herzens Sinn.	5	Der Menschen Hoffart muss vergehn, mag nicht vor deiner Hand bestehn; wer sich verlässt auf seine Pracht, dem hast du bald ein End gemacht.
52	Er stößt die Gewaltigen vom Thron / und erhebt die Niedrigen.	6	Du machst zunicht der Menschen Rat, das sind, Herr, deine Wundertat' was sie gedenken wider dich, das geht doch allzeit hinter sich.
		7	Wer niedrig ist und klein geacht', an dem übst du dein göttlich Macht und machst ihn einem Fürsten gleich, die Reichen arm, die Armen reich.
53	Die Hungrigen füllt er mit Gütern / und lässt die Reichen leer ausgehen.		

---

[3] Diesen Nachweis führte Bill 1975. Die Verfasserangaben im EG müssten demnach folgendermaßen lauten: T: ERASMUS ALBER STR. 1–2 1534/1536, STR. 3–10 (vor 1553) 1555.

Lk 1,46b–55		Liedstrophen EG 308	
54	Er gedenkt der Barmherzigkeit / und hilft seinem Diener Israel auf,	8	Das tust du, Herr, zu dieser Zeit, gedenkest der Barmherzigkeit; Israel willst du *Hilfe tun* durch deinen auserwählten Sohn.
55		9	Wir haben's nicht verdient um dich, dass du mit uns fährst gnädiglich; zu unsern Vätern ist geschehn ein *Wort*, das hast du angesehn.
	wie er geredet hat zu unsern Vätern,/		
	Abraham und seinen Nachkommen in Ewigkeit.	10	Auch *Abraham* hast du geschworn, dass wir nicht sollten sein verlorn, uns zugesagt das Himmelreich *und* unsern *Kindern ewiglich*.

Der Evangelist Lukas fügt in seiner Darstellung der Vorgeschichte der Geburt Jesu zwei Erzählstränge ineinander (Lk 1). Der erste folgt Johannes dem Täufer und dessen Eltern Elisabeth und Zacharias. Der zweite folgt Maria, der Mutter Jesu. Der Erzähler verknüpft beide Stränge, indem er von der Begegnung der hochschwangeren Elisabeth mit Maria, der ihre Schwangerschaft eben erst verheißen wurde, berichtet. Maria antwortet mit ihrem Lobgesang unmittelbar auf den Segensgruß und die Seligpreisung, die Elisabeth ihr zuspricht. An Albers Lied fällt auf, dass er den biblischen Zusammenhang des Lobgesangs mit dem Geschick der Maria nicht aufgreift. Die Distanz wird darin überdeutlich, dass bereits in der zweiten Quelle und vielfach danach bis hin zum EKG das Lied als von einem Mann angestimmt erscheint: „mich Armen" (Str. 1,4).

Lukas folgt der sogenannten Armenfrömmigkeit,[4] die bereits in den Psalmen Ausdruck findet. Ihre Kennzeichen sind die Bitten, Gott möge die Unterdrücker vernichten, die Erwartung des endzeitlichen Gerichts, das für Ausgleich zwischen dem reichen Frevler und dem armen Gerechten sorgt, und das Bewusstsein der eigenen Frömmigkeit. Arm im Sinne der Armenfrömmigkeit sind nicht unbedingt materiell Arme, sondern vor allem marginalisierte Menschen. Zu dieser Gruppe gehört auch Maria, der Lukas das psalmartige Magnifikat in den Mund legt. Sie wird als „niedrig", nicht als „arm" bezeichnet.

Der erste Teil des Magnifikat reflektiert die Situation der Maria und schließt in V. 49 mit dem Bekenntnis zur Größe Gottes und der Heiligkeit seines Namens. In den folgenden Versen wird dieses Bekenntnis in knappen geschichtlichen Erinnerungen an das heilvolle Tun Gottes an seinem Volk Israel entfaltet. In Albers Lied fehlt der Hinweis auf die Heiligkeit des Namens Gottes. Im biblischen Kontext ist gerade die wiederhergestellte Heiligkeit des Namens Gottes ein Kennzeichen des endzeitlichen Heils (Hes 16,23; Mt 6,9). Das Lied der Maria unterstreicht den endzeitlich-heilvollen Horizont, den der Evangelist öffnet: Maria erscheint als eine Gestalt, in der sich das Handeln Gottes an seinem Volk exemplarisch verdichtet: Gott erhebt die Niedrigen (V. 52)

---

[4] Vgl. dazu Rainer Dillmann, Die lukanische Kindheitsgeschichte als Aktualisierung frühjüdischer Armenfrömmigkeit (Studien zum Neuen Testament und seiner Umwelt Serie A, Band 25), Linz 2000, 76–97.

und hat die Niedrigkeit dieser Frau angesehen (V. 48). Ihr Kind wird der Heiland der Welt sein.

Die auffälligste Veränderung bei der Übertragung des Magnifikat in die Liedform ist die Anrede an Gott, mit der das Lied einsetzt. Der biblische Hymnus folgt durchweg der Gattung des beschreibenden Lobs. Er reiht Aussagen über Gott aneinander, spricht ihn aber niemals in der 2. Person an. Das Lied hingegen zieht Gott in die persönliche Ansprache hinein, keine Strophe kommt ohne das *Du* aus. Anders als Lukas verwendet Alber nicht nur die Zuschreibung „niedrig", sondern auch „arm". Armut und *Niedrigkeit* werden hier in den Gegensatz zur *weltlich' Pracht*, also zum Reichtum (vgl. Str. 7), gebracht. In der Seligpreisung wird die Generationenfolge universal ausgeweitet (*weit und breit – jedermann*).

Die folgende Doppelstrophe (Str. 3–4) greift die wesentlichen Stichworte der Vorlage auf: Gottes Macht, sein Name, seine Barmherzigkeit. Wie schon in der ersten Strophe entfällt auch hier der Zusammenhang der Generationen. Hier nun fügt Alber einen dritten Aspekt von Armut in sein Lied ein. Arm sind nicht nur die marginalisierten (arm – niedrig) und materiell Armen, sondern auch die besonders Gefährdeten, in Unsicherheit lebenden Armen. Obwohl Armut im Lied differenzierter erscheint, rücken die Armen doch aus dem Fokus. Es geht nicht mehr wie in der Vorlage um eine Gruppe bzw. ein Volk, das sich als arm und niedrig versteht (*Diener Israel*) und darum die Verheißungen auf sich bezieht. Das Lied öffnet die Gottesbeziehung für eine nicht näher bezeichnete Gruppe, für Alber zweifellos die christliche Gemeinde: *drum man dich willig preist und ehrt; du bist barmherzig insgemein / dem, der dich herzlich fürcht' allein.*

An der dritten Doppelstrophe (Str. 5–6) fällt auf, dass sie nur in den ersten beiden Zeilen biblischen Text aufnimmt. Strophe 6 ist die einzige, die frei ergänzt ist und keinen direkten Anhalt am Text des Magnifikat hat. Alber entfaltet in den Strn. 5,3–6,4 den Satz *Er stößt die Gewaltigen vom Thron*. Ob hinter diesen Versen auch persönliche Konflikte Albers durchscheinen, die mehrfach zu seinem Ausscheiden aus Pfarrstellen führten, muss offenbleiben.

In der vierten Doppelstrophe (Str. 7–8) wird die radikale Aussage *Er stößt die Gewaltigen vom Thron* deutlich gemildert. Die Strophe setzt bei den Armen ein, denen die göttliche Macht zu Gute kommt. Die grundsätzliche Umkehr der Verhältnisse kommt dennoch zum Ausdruck: *die Reichen arm, die Armen reich*, doch bleibt das Lied damit hinter der Konkretheit der Vorlage zurück (*die Hungrigen füllt er mit Gütern*). Der implizite endzeitliche Horizont des Lukas wird ausdrücklich auf die Jetztzeit bezogen: *Das tust du, Herr, zu dieser Zeit* – in jeder Gegenwart ist das heilvolle und rettende Handeln Gottes erfahrbar. Zunächst ist es die Zeit der Maria, die auserwählt wurde, den Messias Israels, den *auserwählten Sohn*, zu gebären. *Diese Zeit* ist aber ebenso die Zeit des Dichters mit den spannungsvollen Auseinandersetzungen in der ersten Hälfte des 16. Jh. Und es ist unsere Zeit: *Siehe, jetzt ist die Zeit der Gnade, siehe, jetzt ist der Tag des Heils* (2. Kor 6,2). Es ist die Zeit aller, die auf Gott hoffen.

Mit der letzten Doppelstrophe (Str. 9–10) nimmt das Lied eine neue Wendung. Als Signal kann das erste Wort gelten: *Wir*. Alber nimmt in der Strophe zwar den Bibeltext auf, aber er stellt den Israelbezug ganz in den Dienst einer rechtfertigungstheologischen Aussage. Er schließt damit folgerichtig an die Erwähnung des *auserwählten Sohnes* an.

Die Strophe setzt mit einem Sündenbekenntnis ein (die Folge des Gesetzes): *Wir haben's nicht verdient um dich, / dass du mit uns fährst gnädiglich*. Die Strophe endet mit der Heilszusage (Evangelium): *dass wir nicht sollten sein verlorn, / uns zugesagt das Himmelreich*. Dass auch das *Wort* erwähnt wird, dürfte kein Zufall sein, und hinter den *Vätern* könnten sich eben auch die Väter der Reformation verbergen – Alber hat bei Luther studiert –, die das *Wort* Gottes wieder in den Mittelpunkt christlicher Lehre und Frömmigkeit gestellt haben.

Die abschließende doxologische Strophe gehört nicht zum ursprünglichen Bestand des Liedes. Im Freylinghausenschen Gesangbuch 1741 ist das Lied mit einer zweistrophigen Doxologie abgedruckt (Nr. 491). Im „Unverfälschten Liedersegen" (Berlin 1863, 4. Aufl., Nr. 201, 4. Lied) fehlt eine doxologische Schlussstrophe. Im praktischen gottesdienstlichen Gebrauch des Liedes legt sich ein Wechselgesang zwischen zwei Gruppen nahe. So kann die Zusammengehörigkeit der Doppelstrophen im Singen und Hören erlebbar gemacht werden. Die Doxologie singen alle gemeinsam.

ILSABE ALPERMANN

Die Melodie zu dem Lied erschien erstmals 1603 im vierstimmigen Enchiridium von Bartholomäus Gesius, dort mit leicht abweichendem Incipit *Mein Seel, o Gott, muss loben dich*. Ob er die Melodie auch geschaffen hat, ist nicht bekannt. Später findet sie sich auch bei Michael Prätorius im fünften Teil der Musae Sioniae (1607).[5] In beiden Ausgaben erscheint die Melodie im vierstimmigen Satz. Der Ambitus umfasst eine Oktave, wobei der Grundton *g'* in der Mitte steht. Bis auf den Auftakt und die Leittöne bewegt sich die Melodie oberhalb des Grundtons, lediglich in der dritten Zeile wird schrittweise die Unterquart erreicht.

Melodieabweichungen zum Original bestehen an zwei interessanten Stellen. Im Aufgang der zweiten Zeile ist bei Gesius der zweite Ton erhöht (*h'*), im Abgang wieder die tiefe dritte Stufe (*b'*) genutzt. In der dritten Zeile ist der fünfte Ton nicht der Grundton *g*, sondern die erhöhte sechste Stufe (*e'*), die zur siebten Stufe (*f'*) zurückkehrt und sodann erniedrigt (*es'*) zur fünften Stufe führt. Diese Veränderungen können als Leittöne in einem beginnenden tonal-funktionalen Verständnis gehört werden.

Der Text dieses Liedes ist streng jambisch, geformt in der 4-zeiligen Hymnenstrophe. Als Grundschlag schreibt Gesius jedoch eine „3" vor. Naheliegend wäre damit die Deutung auf eine 6/4-Variante, wie sie im EG steht. Dies stört jedoch das jambische Versmaß, bedeutet es doch konsequenterweise, dass immer die erste Silbe auf einer betonten Zählzeit liegt. Dies widerspricht aber dem Text. Daher ist hier wohl eher an den Wechsel des großen (3/2) und des kleinen (6/4) Dreiertaktes zu denken. Dieser Taktwechsel begegnet häufig in der Gagliarda/Gaillarde des 16. und frühen 17. Jh., später auch in der Courante französischen Typs, bis zu Johann Sebastian Bach. Solche Melodien begegnen

---

[5] DKL 1607[19] – Edition: Musae Sioniae Teil V (1607), bearb. von Friedrich Blume und Hans Költzsch, Wolfenbüttel/Berlin 1937 (= Gesamtausgabe der musikalischen Werke von Michael Praetorius. 5), Nr. 161.

auch mehrfach im EG, wie z. B. bei *Herr Jesu Christ, dich zu uns wend* (EG 155) oder *Nun lasst uns Gott, dem Herren* (EG 320).

BEATE BESSER

328 Dir, dir, o Höchster, will ich singen

EG 328   RG 243   EM 36

Text

Verfasser Bartholomäus Crasselius **Quelle** *Geistliche Lieder und Lobgesänge/ Aus der lebendigen und reinen Quelle des Geistes Gottes entsprungen*; o. O. [Halle oder Frankfurt] 1695[1] **Überschrift** *Ein Lied/ um den Geist der Gnade zum rechten Lobe und Anbetung GOttes.* **Strophenbau** A9/4a- A10/5b, A9/4a- A10/5b, A10/5c A10/5c **Abweichungen** 1,1 Dir, dir *Jehova*; 1,2 wo ist *so* ein solcher; 4,3 *rechtgläubig* beten; nach 4: *5. Wenn dieß aus meinem Hertzen schallet*; 6,4 *verlange* jederzeit; 7,6 Wohl mir*!* Lob dir*!* jetzt * RG: 1,1 Dir, dir *Jehova* will; 4,1 *Dein Geist* kann; 4,3 *er lehret mich im Glauben* beten; ohne Str. 5; 6,4 *verlange* jederzeit * EM: 4,1 *Dein Geist* kann; ohne Str. 5; 7,5 Wohl mir *und* Lob dir jetzt und *allezeit* **Verbindung TM** in der Q ohne M * Z II,3066 (DKL 1698⁰⁶) * Z II,3068 (Johann Sebastian Bach bei Schemelli, DKL 1737¹³) * Z II,3069–3075 und V,8723 (weitere Eigen- und Lehnmelodien des 18. und 19. Jh.)

Melodie

Incipit 5_ 8_5_6_6_5_.4 3_1_ **Vorlage** *Wer nur den lieben Gott läßt walten* (Z II,2781) in: [*Musicalisch Hand-Buch der Geistlichen Melodien à Cant. et Bass.*, Hamburg 1690; DKL 1690⁰⁸] **Quelle** *Geist-reiches Gesang-Buch* (Johann Anastasius Freylinghausen), Halle 1704 (DKL 1704⁰⁴) **Ausgaben** Z II,3067; B IV,338; FreylEd I/1, Tübingen 2004, Nr. 291 **Ambitus** G: 11; Z: 87b(87b)7b6 **Abweichungen** Melodie mit Generalbass; Taktvorzeichnung ¢; Z. 1/3, vor N 1 Viertelpause; N 6–7 Achtel *f'g' f'es'* (*will ich*); Z. 2/4, N 7–9 Achtel *b'a'* punktierte Viertel mit Achtel *g'f'* (*-cher Gott wie*); Z. 5, N 7–9 Viertel *es''* punktierte Viertel mit Achtel *d''c'* (*-men Je-su*); Z. 6, N 4–5 und 8–9 je punktierte Viertel mit Achtel (*dir durch* bzw. *-fäl-lig*) * RG: mit 4st. Satz (Schaffhausen 1841/ GB 1952); Taktvorzeichnung ¢; Z. 1/3, vor N 1 Viertelpause, nach N 1 kein halber Taktstrich, nach N 3 Taktstrich (um eine Halbe verschobene Schwerpunkte); N 6–7 ohne Punktierung; Z. 2/4, nach N 10 keine Viertelpause; Z. 5, vor N 1 Viertelpause; Z. 6, N 10 Ganze * EM: 4st. Satz (Werner Schrade 1969); Taktvorzeichnung 3/2; Z. 6, N 10 Ganze mit Viertelpause **Verbindung MT** wie EG (aber Textanfang: Dir, dir *Jehova*, will ich singen) * *Laß mich, o Herr, in allen Dingen* (EG 414) * *Wach auf, du Geist der ersten Zeugen* (EG 241/ EKG 216/ RG 797/ EM 546)

Literatur

HEKG (Nr. 237) I/2,367 f; III/2,162–165; Sb 365 f; HEG II,65.127–130 ** ThustB, 290 f/ Nf, 269 f; ThustL II, 118–120 ** KLL (1878–1886) I,134; EEKM (1888–1895) I,323; Nelle (³1924/1962) Nr. 315; Schlunk (1951) 79 f; Bruppacher (1953) 59 f; FreylEd I/3, Nr. 291 ** JENNY, Markus: Gottes Name im Gesangbuch, MGD 46 (**1992**) 71 f * MCMULLEN, Dianne Marie: Musikalische Beobachtungen an verschiedenen Auflagen des Geist=reichen

---

[1] Digitalisat ThuLB Jena: https://t1p.de/1vjk (S. 331; 1.2.2022).

Gesang=Buches (1704) von Johann Anastasius Freylinghausen. Zu musikeditorischen Problemen einer kritischen Ausgabe des Freylinghausenschen Gesangbuches, in: Wolfgang Miersemann/ Gudrun Busch (Hg.), Pietismus und Liedkultur, Tübingen 2002, 73 f.76

Das ursprünglich acht Strophen umfassende Lied ist ein eindrucksvolles Beispiel eines pietistischen Liedes im EG. Aus ihm spricht in jeder Strophe das Anliegen einer vom Heiligen Geist durchwirkten Frömmigkeit. Die Einordnung des Liedes in die Gesangbuchrubrik „Loben und Danken" weist aber nur auf einen Aspekt des Liedes hin. Allerdings ist diese Eingruppierung nicht neu, sondern findet sich bereits im EKG und in älteren Gesangbüchern und hat ihren Grund in der Überschrift, unter der das Lied im Erstdruck von 1695 steht: „Ein Lied um den Geist der Gnade zum rechten Lobe und Anbetung Gottes".

Obwohl das Lied prominent mit dem Entschluss zum Singen einsetzt, ist diese Thematik im Hinblick auf das ganze Lied sekundär. Im Vordergrund steht das durch den Heiligen Geist inspirierte Gebet, das sich im Gesang vollzieht, und dessen Wirkung. Das gesamte Lied ist als Zwiesprache des Beters mit Gott im Namen Jesu gestaltet. Die in den ersten vier Strophen variierende Gottesanrede hebt den „Namen" als eigenes Thema des Liedes hervor. Die Änderung des Liedanfangs von ursprünglich *Jehova* zu *o Höchster* verdunkelt die absichtsvolle Variation des Gottesnamens.[2] Das reformierte Schweizer Gesangbuch hat *Jehova* beibehalten, obwohl diese Gottesanrede auf einer fehlerhaften Lesung des alttestamentlichen Gottesnamens beruht. Das Lied ist in drei Teile gegliedert. Die Strophen 1–3 beschreiben die geistgewirkte Anbetung im Singen mit Aufforderung (Str. 1,1–3) und Bitten (Str.1,4; Str. 2.3). Die Strophen 4–5 einschließlich einer ausgefallenen Strophe dazwischen sind eine Betrachtung zu Werk und Zeugnis des Geistes. Die beiden abschließenden Strophen – jeweils eingeleitet mit der Seligpreisung *Wohl mir* – stellen das Zeugnis des Geistes in den Horizont der persönlichen Glaubensgewissheit.

Das Lied ist durchzogen von biblischen Zitaten und Anspielungen. In jeder Strophe wird der Geist erwähnt, in der 6. Strophe indirekt. Das „geistreiche" Singen des Pietismus wird hier also wortwörtlich verwirklicht. Gut möglich, dass sich der Dichter Bartholomäus Crasselius hierbei von Johann Arndt anregen ließ. Viele Passagen aus einschlägigen Kapiteln der „Bücher vom wahren Christentum" zum Lob Gottes und zum Gebet lesen sich wie eine Blaupause zum Lied. Die im Lied eingearbeiteten biblischen Motive finden sich bei Arndt in ähnlichen Sinnzusammenhängen. Auch die mehrfache Anspielung auf dieselben Texte, die für das Lied typisch ist, lässt sich bei Arndt sehen: das Beten im Namen Jesu (Str. 1, 5 und 7), die Kindschaft (Str. 4 und 5), das Zeugnis des Geistes (Str. 4 und 6), Bitten nach dem Willen Gottes (ausgefallene Str. und 5).

Die Strophen 1–3 lassen sich als Kurzfassung pietistischer Singe-Theologie lesen. Die für das Verständnis geistlichen Singens wichtigsten Schriftstellen sind hier eingeflossen. Grundgelegt bei Johann Arndt und angewendet in den späteren Gesangbuchvorreden von Freylinghausen, Porst und Tersteegen, fasst Crasselius dieses Verständnis in Verse.

---

[2] Die ursprüngliche Textfassung *Dir, dir, Jehova* ist noch in den frühen Ausgaben des EKG tradiert. Der früheste Beleg für die Veränderung ist das Myliussche Gesangbuch, Berlin 1780, wo neben eingreifenden Textänderungen im gesamten Lied auch das Incipit verändert wurde: *Dir, dir, du Höchster, will ich singen.*

Die Emphase, mit der das Lied einsetzt: *Dir, dir, o Höchster, will ich singen* gehört ebenso dazu wie das Singen in der Kraft des Geistes (Str. 1), dessen Einwohnung im Herzen (Str. 2) und die Anbetung in Geist und Wahrheit (Str. 3).

> St. Paulus spricht Eph. 5, 18.19: Werdet voll Geistes; redet unter einander von Psalmen und geistlichen Liedern; singet und spielet dem Herrn in eurem Herzen. Col. 3,16.17: Lasset das Wort Gottes reichlich unter euch wohnen in aller Weisheit. Lehret und ermahnet euch selbst mit Psalmen und geistlichen lieblichen Liedern; singet und spielet dem Herrn in eurem Herzen; und alles, was ihr thut, mit Worten oder mit Werken, das thut alles in dem Namen des Herrn Jesu, und danket Gott und dem Vater, durch ihn.[3]

So zitiert Arndt diese biblischen Schlüsselstellen für das Singen. Bemerkenswert dabei ist der Einsatz bereits in Eph 5,18c: *Werdet voll Geistes*, oder im Lied als Bitte formuliert: *gib mir deines Geistes Kraft dazu*. Str. 2 bittet um die innige Gemeinschaft mit Vater und Sohn (*Es kann niemand zu mir kommen, es sei denn ihn ziehe der Vater, der mich gesandt hat*; Joh 6,44), die sich wiederum durch das Wohnen des Geistes im Herzen realisiert (*Wisst ihr nicht, dass ihr Gottes Tempel seid und der Geist Gottes in euch wohnt? 1. Kor 3,16*). „[...] also zeucht die Kraft Christi alle, so im Geist und in der Wahrheit beten, an sich, und vereiniget sich mit ihnen."[4] Der zweite Teil der Strophe kombiniert weitere Bibelstellen: *Regiert euch aber der Geist, so seid ihr nicht unter dem Gesetz* (Gal 5,18); *Der Friede Gottes, der höher ist als alle Vernunft, wird eure Herzen und Sinne in Christus Jesus bewahren* (Phil 4,7); *Schmecket und sehet, wie freundlich der Herr ist* (Ps 34,9a).

Mit der 3. Strophe findet das Lied dann endgültig zu seinem Thema, dem Gebet – in dieser Strophe noch ganz im Medium des Singens. Crasselius folgt Arndt, wenn er Gebet und Lob Gottes eng zusammensieht.

> Denn ein wahrer Christ ist mit seinem Gebet sonst an keine Zeit und Ort gebunden, sondern es stehet im Geist und in der Wahrheit, Joh. 4,23. Der Geist aber ist an keine Zeit und Ort gebunden. Darum St. Paulus Col. 3,16 spricht: Singet und spielet dem Herrn in eurem Herzen. Das ist der rechte Ort des Lobes Gottes.[5]

Der letzte Vers *dass ich dir Psalmen sing im höhern Chor* geht auf die Lutherübersetzung von Ps 120,1 zurück.

Arndt widmet im Fünften Buch dem Gebet ein ausführliches Kapitel. Zwischen diesem Text und der 4. Strophe, mit der die Betrachtung einsetzt, gibt es auffällige Parallelen in der Deutung und Kombination biblischer Kontexte:

> Denn gleichwie das natürliche Leben den Leib beweget, also der heilige Geist die Seele durchs Gebet, durch Seufzen [...] durch Gebet und Danksagung für alle Wohlthaten Gottes. [...] Das alles muss im Geist und in der Wahrheit geschehen [...] Ist demnach das Gebet ein Kennzeichen eines wahren gläubigen Christen, ein kräftiges lebendiges Zeugnis des heiligen Geistes,

---

[3] Johann Arndt, Sechs Bücher vom wahren Christenthum nebst desselben Paradisgärtlein, hg. Adam Struensee, Halle 1763 – hier: Zweites Buch, Kap. 41, 434 f u. ö.

[4] Ebd., Fünftes Buch, Kap. 10, 818.

[5] Ebd., Zweites Buch, Kap. 42, 438.

ein Kennzeichen der wahren Kinder Gottes, und des kindlichen Geistes Christi. Denn weil wir Gottes Kinder sind, so hat Gott gesandt den Geist seines Sohnes in unser Herz, durch welchen wir rufen, Abba, lieber Vater! Gal. 4,6."[6]

Am Schluss dieses Kapitels „Vom Gebet" nennt Arndt als einen der „drey mächtige[n] Gehülfen in unserm Gebet [...] Den heiligen Geist, der unserer Schwachheit hilft, und vertrit uns bey Gott mit unaussprechlichem Seufzen, Röm 8,26".[7]

Die nach Str. 4 ausgefallene Strophe lautet:

Wenn dies aus meinem Herzen schallet,
durch deines heilgen Geistes Kraft und Trieb,
so bricht dein Vaterherz und wallet
ganz brünstig gegen mir vor heißer Lieb,
dass mir's die Bitte nicht versagen kann,
die ich nach deinem Willen hab getan.

Thematisch leitet diese Strophe von der vorherigen vierten zur heute unmittelbar folgenden fünften über. Es geht um die Stärkung des Vertrauens, dass die Bitten im Geist von Gott erhört werden. Auch hierzu noch einmal Arndt im eben schon zitierten Kapitel:

Wenn nun das Gebet also geschicht [...], so ergibt sich das Herz ganz und lauter dem gnädigen Willen Gottes und der göttlichen Liebe; stellet Gott alles heim; opfert sich Gott ganz auf mit allem, was es hat und ist: und läßt ihm wohlgefallen, was Gott gefället. Ihm ist daran genug und wohl, dass er Gott zum Vater hat und Gottes Kind ist; [...] Wenn ihr betet, so zweifelt nicht, sondern glaubet, so werdet ihrs empfahen, Matth. 21,21. Denn Gott siehet das Herz an, und erhöret nach dem Herzen, nicht nach dem Maul, siehet den Glauben an, und das innerliche herzliche Seufzen und Verlangen. [...] Herr Christe, du hast gesagt: Was ihr den Vater in meinem Namen bitten werdet, das wird er euch geben, Joh 16,23.[8]

Die bittende Hinwendung zu Gott geschieht im Lied durchgängig im Namen Jesu (Christi). In seinem Namen zu handeln und zu beten, trägt die Aspekte der Beauftragung, Bevollmächtigung und Vergewisserung der Gegenwart Jesu in sich. Die ersten vier (ursprünglich fünf) Strophen beschreiben einen Weg der emotionalen und geistlichen Intensivierung der Gottesbeziehung, bis dann in der heutigen Strophe 5 bekannt wird, dass *ich dein Kind und Erbe bin.* Die Anrede *Jehova* verbunden mit der Frage *wo ist doch ein solcher Gott wie du?* in Str. 1 markiert große Distanz und kommt mit dem alttestamentlichen Gottesnamen gewissermaßen von weit her. Str. 2 betont das Gegenteil, nämlich die im Sohn begründete Nähe zu Gott als *Vater*, dessen *Geist in meinem Herzen wohne.* Die Anrede *Höchster* in Str. 3 markiert wiederum größtmöglichen Abstand in Entsprechung zur Anbetung. Das Herz muss emporgehoben werden. Die beiden folgenden Strophen intensivieren die Gottesanrede und damit die Gottesbeziehung: *Abba, lieber Vater!* (Str. 4), *dein Vaterherz* (ausgefallene Str.). Garant dieser sich steigernden emotiona-

---

[6] Ebd., Fünftes Buch, Kap. 10, 815 f.
[7] Ebd., Fünftes Buch, Kap. 10, 819.
[8] Ebd., Fünftes Buch, Kap. 10. 817 f.

len Nähe zu Gott ist der Sohn. Nur in seinem *Namen*, von ihm beauftragt und ermächtigt, ist die Gewissheit verbürgt, dass dieses geistgewirkte Singen und Beten an sein Ziel kommt: *in ihm ist alles Ja und Amen, / was ich von dir im Geist und Glauben bitt* (Str. 7).

Die beiden Schlussstrophen bringen in Gestalt einer Seligpreisung mit einem dreifachen *Wohl mir* die tiefe Gewissheit (*ich weiß*) zum Ausdruck, dass Gott die geistgewirkten Bitten erhört. Eingewoben sind dabei in die 6. Strophe 2. Kor 3,12 *Dieweil wir nun solche Hoffnung haben, brauchen wir großer Freudigkeit* (Luther) und Eph 3,20 *Dem aber, der überschwänglich tun kann über alles hinaus, was wir bitten oder verstehen, nach der Kraft die in uns wirkt.* Die letzte Strophe verbindet biblische Anklänge aus Röm 8,34 *Wer will verdammen? Christus Jesus ist hier, der gestorben ist, ja mehr noch, der auch auferweckt ist, der zur Rechten Gottes ist und für uns eintritt* und 2. Kor 1,20 *Denn auf alle Gottesverheißungen ist in ihm das Ja; darum sprechen wir auch durch ihn das Amen, Gott zur Ehre* zu einem Abschluss des ganzen Liedes. Bemerkenswert ist der Schluss *Lob dir jetzt und in Ewigkeit, / dass du mir schenkest solche Seligkeit*. Er ist präsentisch formuliert und entspricht damit dem pietistischen Enthusiasmus, schon in diesem Leben geistgewirkte Seligkeit erfahren zu können. Die eigene Seligkeit wird in feiner rhetorischer Zuspitzung an das Lob Gottes gebunden: *Wohl mir – Lob dir* (in der Quelle jeweils mit Ausrufungszeichen versehen).

ILSABE ALPERMANN

Die Melodie gehört in den Stilbereich der „Aria", des barocken Sololiedes mit Generalbass. Dieser Typus wurde im frühen Pietismus ausgiebig verwendet. Er eignete sich für das Singen im kleinen häuslichen Kreis, der neben oder an die Stelle der großen öffentlichen Gottesdienste trat. Zugleich ermöglichte er eine stärkere Emotionalität, wie sie dem Zeitgeist auch außerhalb pietistischer Kreise entsprach.

Eine etwas kürzere und schlichtere Form der Melodie fand sich in einem Hamburger Choralbuch von 1690 zum Text *Wer nur den lieben Gott lässt walten*.[9] Die Fassung zu unserem Text, wie sie im Freylinghausenschen Gesangbuch geboten wird, lässt die Zugehörigkeit zum Aria-Typus noch viel deutlicher erkennen. Sie enthält zahlreiche barocke Schmuckelemente – Umspielungen, Durchgangsnoten, Antizipationen und Punktierungen –, die im Verlauf des 19. Jahrhunderts allesamt verschwunden sind, so dass die Melodie in den allgemeinen Kirchenlied-Typ der Folgezeit eingeebnet wurde. Einzig die Punktierung in der Stollenmitte ist in den Ausgaben des Deutschen Evangelischen Gesangbuchs nach 1915 erhalten geblieben und steht auch wieder im EG. Ebenfalls erhalten geblieben ist der bemerkenswert große Tonumfang von einer Undezime – für Aria-Melodien indessen nichts Ungewöhnliches.

Auch ist ein wichtiges Prinzip der barocken Melodiebildung noch erkennbar, nämlich der deklamatorische Zusammenhang zwischen Textakzenten und Melodieführung. Gleich die erste Textzeile zeigt dies sehr schön: Auftaktquarte auf *Dir, Dir*, Anfangston aufgenommen und weitergeführt in steigender Führung bei *Je-ho-va* (so der Originaltext bzw. *o Höchster*), dann am Zeilenende im entlastenden Terzfall abwärts *sin-gen*. Die

---

[9] S. o. Melodie/Vorlage, die Quelle ist z. Z. nicht nachweisbar.

zweite Zeile ist musikalisch komplementär zur ersten: geradlinig statt in rasch wechselnder Richtung, Beginn mit Aufstieg nach dem Abstieg am Ende der ersten. Der Aufstieg setzt sich in höherer Lage in der zweiten Melodiehälfte fort, wiederum eröffnet mit einer Auftaktquarte. Ein weiterer Quartsprung führt bald darauf auf den Spitzenton und hebt in der ersten Strophe das Wort *Namen* hervor, das wie ein roter Faden das Lied durchzieht: *Jehova* (oder eben korrigiert *Höchster*) in Strophe 1, *Vater* in den Strophen 2, 4 und der originalen 5, *Höchster* in Strophe 3 und schließlich die christologische Vertiefung „im Namen Jesu" u. ä. in den Strophen 1, 5 und 7. Die letzte Zeile bildet wieder, analog zur ersten Melodiehälfte, eine komplementäre Ergänzung zur vorhergehenden und löst die durch die Hochlage erzeugte Spannung in Abstieg und Kadenz auf.

Andreas Marti

330 O dass ich tausend Zungen hätte

EG 330   RG 728   EM 12

Text

Verfasser Johann Mentzer **Vorlage** vgl. Kommentar **Quelle** *Geist=reiches Gesang=Buch* (J. A. Freylinghausen), Halle 1704 (DKL 1704⁰⁴) **Überschrift** *496. Mel. Wer nur den lieben Gott etc.* **Ausgabe** FreylED I/2, Nr. 496 **Strophenbau** A9/4a- A8/4b A9/4a- A8/4b A8/4c A8/4c vgl. Frank 6.38 **Abweichungen** zu den ausgefallenen Strophen s. Kommentar EG 3[Q=4],3 *grüßchen* den; 5[Q=9],4 *o starcker* Zebaoth; 5,5 *du trägst mit meiner sündenschuld* [ersetzt durch Q 11,5]; 5,6 *unsäglich gnädige gedult* [ersetzt durch Q 11,6]; EG 7[Q=14],5 *wenn ich ein schöner Engel* * RG: o. Str. 5, nach 4: 5. *Lob sei dir, liebster Gott und Vater*, 6. *Mein treuster Jesu, sei gepriesen*, 7. *Lob sei dir ewig, Ruhm und Ehre*, 8. *Ich hab es ja mein Lebetage*; 7(=RG 10),4 *wenn ich im Chor der Selgen bin*; 7,5 *Dann bring ich mit der Engel Schar*; 7,6 *dir tausend Halleluja dar*. * EM: ohne Str. 3 und 4; nach 2: 3. *Was schweigt ihr denn*; Str. 5–7 = EM Str. 4–6 **Verbindung** TM in der Q ohne N, zum in der Überschrift genannten Lied vgl. den Kommentar zu EG 369 (Heft 22) * eigene Meln.: Z II,2859 (DKL 1733¹²), 2860a (DKL 1741⁰³; erzwingt aber ungeeignete Textwiederholungen), 2860b (Kühnau 1838), 2861a+b (Hs. Wagner 1742/ Reimann 1747; vgl. EG 40), 2862 (Naue 1829) * weitere Lehnmelodien: Z II,2835 (DKL 1714⁰⁶ zum Text *Wer weiß, wie nahe mir mein Ende*, später auch nach *O dass ich tausend Zungen hätte* benannt) * Z II,2858 (bei Schneider 1829 und Raumer-Reichardt 1830), Z II,2906 (Schaffhausen 1841)

Melodie

Incipit 535 6543 2_1 **Verfasser** möglicherweise Johann Balthasar König **Quelle** *Harmonischer Lieder=Schatz/ oder Allgemeines Evangelisches Choral=Buch […]* (Johann Balthasar König), Frankfurt am Main 1738 (DKL 1738¹¹; Faksimile Hildesheim 2004), S. 202¹ **Ausgabe** Z II,2806 **Ambitus** G: 6; Z: 646446 **Abweichungen** Melodie mit Generalbass; Wiederholung Z 1/2 nicht ausgeschrieben; Z 1 vor N 1 Viertelpause; Z 1/3 N 8 Viertel, N 9 Halbe mit Fermate * RG: mit 4st. Satz (1891/ 1952); Wiederholung Z 1/2 nicht ausgeschrieben; Z 1 vor N 1 Viertelpause * EM: mit 4st. Satz (Gesangbuch Stuttgart 1931); Wiederholung Z 1/2 nicht ausgeschrieben; Z 1 vor N 1 Viertelpause **Verbindung** MT in der Q *Ach sagt mir nichts von Gold und Schätzen* * im alphabetischen Register der Q wird der Text *O dass ich tausend Zungen hätte* der Nr. 185² zugewiesen; unter den 447 dort aufgeführten Texten sind elf mit einer Melodie abgedruckt, alle Texte unter Nr. 185 können also zu allen elf Melodien gesungen werden * heute verwendete Texte: *Dies ist die Nacht, da mir erschienen* (EKG 32/ Alternativmelodie EG 40); *Du hast uns, Herr, in dir verbunden* (EG 240); *Gott, unser Festtag ist gekommen* (RG 741) * *Ich bin getauft auf deinen Namen* (EG 200/ RG 177/ EM 511), *Ich habe nun den Grund gefunden* (EG 354), *Nimm hin den Dank für deine Liebe* (EKG-Regionalteil Pfalz 430), *O Gott, von dem wir alles haben* (EKG-Regionalteil Pfalz 490)

---

[1] Digitalisat Münchener DigitalisierungsZentrum: https://t1p.de/s1xtu (16.9.2022).
[2] Digitalisat Münchener DigitalisierungsZentrum: https://t1p.de/4cwtw (16.9.2022).

Literatur

HEKG (Nr. 238) I/2, 368 f; III/2, 165–168; Sb, 366–368; HEG II, 184 f.214 (Ergänzungen von Wolfgang Herbst in JLH 40 [2001], 178 und 42 [2003], 201) ** ThustB, 292/ Nf, 270 f; ThustL II, 122–124 ** KLL (1878–1886) II, 137 f; EEKM (1888–1895) II,463–465; Nelle (³1924/1962) Nr. 16; Schlunk (1951) 268; Bruppacher (1953) 56–58 ** GÜNTHER, Rudolf: O daß ich tausend Zungen hätte … MGKK 28 (1923) 158–160 ** DERS.: Analogien zu Mentzers „O daß ich tausend Zungen hätte", MGKK 29 (**1924**) 117–120 [zum Bild der 1000 Zungen]

Das ursprünglich 15-strophige Lied von Johann Mentzer erschien zuerst in der 1. Auflage des Freylinghausenschen Gesangbuchs, Halle 1704. Überblickt man die dort in der Rubrik „Vom Lobe Gottes" zusammengestellten Lieder, ist leicht zu erkennen, dass Mentzers Lied ganz vom Geist pietistischen Singens geprägt ist. Dies zeigt sich bereits in der ersten Strophe, in der die Dringlichkeit des Gotteslobs durch maßlose Übertreibung weit über die Möglichkeiten eines einzelnen Menschen hinausgehoben wird. Geistbewegtes Singen im Pietismus ist nicht selten Singen im Überschwang der Gefühle. Das Gotteslob steht dabei im Zentrum.

Im Erstdruck war das Lied folgendermaßen aufgebaut:

1.–2. = EG 1.–2.
3. *Was schweigt ihr denn/ ihr meine Kräffte*
4.–5. = EG 3.–4.
6. *Dir sey/ o allerliebster Vater*
7. *Mein treuster JESU/ sey gepriesen*
8. *Auch dir sey ewig ruhm und ehre*
9. = EG 5. (Vers 5–6 aus Str. 11)
10. *Für andern küß ich deine ruthe*
11. *Ich hab es ja mein lebe=tage*
12. *Wie solt ich nun nicht voller freuden*
13. *Drum reiß ich mich itzt aus der höle*
14. = EG 6.
15. = EG 7.

Die auf sieben Strophen gekürzte Fassung des EG – das EKG bot nur sechs Strophen – konturiert das Lied als Gotteslob weitgehend ohne den Aspekt der Anfechtung. Im Original sind zwischen das überströmende Gotteslob (Str. 1–5) und die Erfahrungen von Sünde und Leid (Str. 9–12) wie ein Scharnier drei trinitarische Strophen eingefügt (Str. 6–8). Die Vergewisserung, dass Gott auch im Leid seine Liebe zeigt, beginnt in Str. 9 mit dem Stilmittel der rhetorischen Frage. Dasselbe Stilmittel leitet in Str. 12 den Übergang zum abschließenden Gotteslob ein (Str. 13–15).

Die Fassung des EG übernimmt aus dem ersten Teil die Strophen 1–2 und 4–5. Die trinitarischen Strophen entfallen ganz. Aus den Strophen 9–12 werden die rhetorischen Fragen der 9. Strophe mit den beiden Schlussversen von Str. 11 ergänzt, der rückblickenden Vergewisserung göttlichen Trostes in Gefahr. Diese zusammengefügte Strophe 5 ist gegenüber dem EKG neu. Sie trägt wenigstens andeutungsweise den im Original breit ausgeführten Gedanken in das Lied ein, dass das Loben aus der Tiefe abgründiger Erfahrungen erwächst und immer auch ein trotziges Dennoch in sich birgt. Die beiden letzten Strophen des Originals bilden auch im EG den Schluss.

Die Strophen 1–5 des Originals sind ein einziger, sich von Strophe zu Strophe steigernder Anlauf zum Gotteslob – eine Selbstaufforderung, alle zur Verfügung stehenden Mittel von Leib und Seele dafür einzusetzen. Was für eine Vorstellung, mit *tausend Zungen* und *tausendfachem Mund* selbst *um die Wette* zu singen! Das nicht enden wollende Loblied kommt *vom allertiefsten Herzensgrund* und preist, *was Gott an mir getan* (Str. 1). Die originelle Vorstellung hat möglicherweise ein Vorbild in Johann Schefflers Morgenlied *Weil ich schon seh die goldnen Wangen*,[3] dessen 6. Strophe so lautet:

Hätt ich jetzt hunderttausend Zungen,
So müßt er sein mit alln besungen,
Mit alln gelobet und gepreist.
Es müßt ihm schon von ihnen allen
Ein schönes Dankgeschrei erschallen,
So weit als Sonn und Monde reist.

Hier könnte auch der Gedanke der zweiten Strophe, dass die Stimme schallt *bis dahin, wo die Sonne steht* (2,2), vorgebildet sein. Die zweite Strophe nimmt weitere Organe für das Gotteslob in Anspruch: das *Blut*, dessen Wallen sich im Puls bemerkbar macht, und den *Odem*, ohne den die Stimme nicht erklingt. Die folgende im EG fehlende Strophe ruft alle Kräfte des Leibes und der Seele hinzu, um Gott zu preisen:

3. Was schweigt ihr denn / ihr meine kräffte?
auf / auf / braucht allen euren fleiß /
und stehet munter im geschäffte
zu Gottes / meines Herren / preis'
mein leib und seele schicke dich /
und lobe GOtt hertzinniglich.

Die 4. (EG 3.) Strophe könnte sich wieder an das Morgenlied Schefflers anlehnen; dort heißt es in der 7. Strophe:

Ei, daß doch alles Gras der Erde
Zu lauter schönen Stimmen werde
Und alle Tropfen in dem Tau.
Ei, daß doch alles Laub der Wälder
Ihn lob mit allem Kraut der Felder
Und allen Blumen auf der Au.

[3] Angelus Silesius, Sämtliche poetische Werke in drei Bänden. Band 2, München 1952, 291–293, zitiert nach: http://www.zeno.org/nid/20004414632 (28.10.2021).

Allerdings ist der Gedanke, dass die Schöpfung in das Gotteslob einstimmt, nicht neu, sondern begegnet bereits im Psalter (z. B. Ps 69,35; 96,11 f; 98,7 f, 148,3–10) und in Joachim Neanders *Wunderbarer König* (EG 327,2): *Himmel, lobe prächtig / deines Schöpfers Taten.*

Zusammenfassend ruft Str. 5 (EG 4) alles Lebendige zu Hilfe, *denn mein Vermögen ist zu matt.* Noch einmal erwähnt der Dichter den Atem als das wichtigste Mittel des Gotteslobs. Das dürfte kein Zufall sein, denn es erinnert die Singenden an den *Odem des Lebens*, den Gott seinen Geschöpfen selbst eingehaucht hat (Gen 2,7), und es entspricht der Aufforderung von Ps 150,6: *Alles, was Odem hat, lobe den Herrn.* So wirkt im Singen letztlich der Gottesgeist selbst. Damit verwirklicht Mentzer das Programm pietistischen geistreichen Gesangs, wie er im Freylinghausenschen Gesangbuch angestrebt wird.

Die ursprünglich folgenden drei Strophen richten das Gotteslob an den Vater, an Jesus und an den Gottesgeist. Jeder Person der Trinität und ihrem besonderen Wirken ist eine Strophe gewidmet.

> *6. Dir sey / o allerliebster Vater!*
> *unendlich lob für seel und leib.*
> *lob sey dir / mildester Berather!*
> *für allen edlen zeit=vertreib /*
> *den du mir in der gantzen welt*
> *zu meinem nutzen hast bestellt.*
>
> *7. Mein treuster JEsu! sey gepriesen /*
> *daß dein erbarmungs=volles hertz*
> *sich mir so hülffreich hat erwiesen /*
> *und mich durch blut und todes=schmertz*
> *von aller teufel grausamkeit*
> *zu deinem eigenthum befreyt.*
>
> *8. Auch dir sey ewig ruhm und ehre /*
> *o heilig=werther Gottes=Geist!*
> *für deines trostes süsse lehre /*
> *die mich ein kind des lebens heisst.*
> *Ach wo was guts von mir geschicht /*
> *das wircket nur dein göttlichs licht.*

Wirklich originell ist dabei der Dank an den Vater für *allen edlen Zeitvertreib, / den du mir in der ganzen Welt / zu meinem Nutzen hast bestellt.* Was der Dichter unter *edlem* Zeitvertreib versteht, bleibt allerdings unausgeführt. Die auf Jesus und den Geist bezogenen Strophen bewegen sich dagegen ganz in konventionellem Rahmen.

In der fünften EG-Strophe wird aus den ursprünglichen Strophen 9–11 nur der Gedanke von Segen und Bewahrung aufgenommen. Es fehlen der Hinweis auf Gottes Geduld mit den Sündern (Str. 9,5–6) und die Deutung der Not als Strafe bzw. Rute Gottes, die letztlich Gutes bewirkt (Str. 10). Die rhetorischen Fragen in Zeile 1 und 3 erinnern an die sieben in drei Strophen aufeinander folgenden Wer-Fragen in Paul Gerhardts Lied *Ich singe dir mit Herz und Mund* (EG 324,4–6). Auch die Antwort *Du, du, o Herr Gott*

Zebaoth ist bei Paul Gerhardt vorgebildet: *Ach Herr, mein Gott, das kommt von dir, / du, du musst alles tun* (EG 324,7).

Mit der am Schluss von Str. 11 (EG 5) formulierten Einsicht *auch in der größesten Gefahr / ward deines Trostes ich gewahr* ist der Grund für das erneute Gotteslob benannt. Die rhetorischen Fragen, mit denen die 12. Strophe einsetzt, schaffen den Übergang:

> *12. Wie sollt ich nun nicht voller Freuden*
> *in deinem steten Lobe stehn?*
> *Wie sollt ich auch im tiefsten Leiden*
> *nicht triumphierend einher gehn?*
> *Und fiele auch der Himmel ein,*
> *so will ich doch nicht traurig sein.*

Mentzer bewegt sich mit den in der 11. und 12. Strophe formulierten Glaubenserfahrungen der Führung Gottes durch Gefahr und Not ganz im Rahmen des Psalters (vgl. Ps 73,23–28). Str. 13 vollzieht eine dynamische Bewegung aus der Tiefe in die höhere Späre des Gotteslobs. Die Doxologie erinnert an Offb 5,12 f:

> *13. Drum reiß' ich mich itzt aus der höle*
> *der schnöden eitelkeiten loß*
> *und ruffe mit erhöhter seele:*
> *mein GOtt! du bist sehr hoch und groß /*
> *krafft / ruhm / preiß / danck und herrlichkeit*
> *gehör't dir itzt und allezeit.*

Die beiden letzten Strophen der EG-Fassung stimmen mit dem Original überein. Auch hier scheint Mentzer wieder auf Paul Gerhardt zurückzugreifen. In EG 83,5 heißt es: *Ich will von deiner Lieblichkeit / bei Nacht und Tage singen, / mich selbst auch dir nach Möglichkeit / zum Freudenopfer bringen. / Du sollst sein meines Herzens Licht, / und wenn mein Herz in Stücke bricht, / sollst du mein Herze bleiben.* Auch das Singen bzw. die Lieder sind eine angemessene Opfergabe (vgl. EG 449,3). Eine der Schlüsselstellen pietistischer, geistbewegter Theologie ist Röm 8,26: *Desgleichen hilft auch der Geist unserer Schwachheit auf* [...] *der Geist selbst tritt für uns ein mit unaussprechlichem Seufzen* (vgl. EG 328,4). Sie dürfte den Hintergrund für die letzten beiden Verse von Str. 14 (=EG 6) bilden.

Das unvollkommene und schwache Lob findet im Himmel seine Vollendung, und zwar im gemeinsamen Gesang mit den Engeln. Wieder ist es Paul Gerhardt, der diese Gedanken schon einmal formuliert hat: *Ach ich bin viel zu wenig, / zu rühmen seinen Ruhm* [...] *jedoch weil ich gehöre / gen Zion in sein Zelt, / ist's billig, dass ich mehre / sein Lob vor aller Welt* (EG 302,8). Der eschatologische Lobgesang gemeinsam mit den Engeln ist ebenso bei Gerhardt vorgeprägt: [...] *all deine Frommen* [...] *gnädig dahin bringen / da alle Engel ewig, ewig singen: „Lobet den Herren"* (EG 447,10). Auch Philipp Nicolai wurde im Pietismus rezipiert: *Gloria sei dir gesungen / mit menschen- und englischen Zungen* [...] *wir sind Consorten* [= Gefährten] */ der Engel hoch um deinen Thron* (EG 147,3 – hier nach dem Erstdruck wiedergegeben).

Mentzer gestaltete sein Loblied aus dem Geist pietistischen Singens in der Orientierung an Bibel und Liedtradition. In der gekürzten Fassung des EG ist es immer noch ein überzeugendes Sprachspiel des Gotteslobs.

Das Lied ist in vielen Gesangbüchern verbreitet, auch über die deutschsprachigen Kirchen hinaus. Dabei finden sich meist zumindest die ersten und die letzten beiden Strophen. Das RG enthält zehn Strophen des Originals, darunter auch alle drei trinitarischen. Interessant ist, dass in manchen Gesangbüchern die Strophen 6–8 als Beginn eines eigenständigen Liedes erscheinen.[4]

Ob Charles Wesleys berühmtes Lied *O for a thousand tongues to sing* (*Mein Mund besinge tausendfach*, EM 1) das Lied von Mentzer bewusst aufnimmt, lässt sich nicht entscheiden.[5] Aber auch dieses Lied, das oft methodistische Gesangbücher eröffnet, zeigt: Gotteslob neigt zum Überschwang, es erfordert diesen Überschwang – eben weil die Aufgabe, Gott zu loben, so unermesslich ist.

IRENE MILDENBERGER

Auch wenn die Melodie dieses Liedes in der Praxis heute noch mit weiteren Gesängen fest verknüpft ist (vor allem EG 200 und 354), passt der Einstieg speziell zum Incipit dieses Liedes. Das hyperbolische *tausend* ist signifikant verbunden mit der affektiv starken sechsten Dur-Tonstufe als Spitzenton. Greifbar ist diese Melodie erstmals im fast 2000 zeitgenössische Weisen erfassenden Choralbuch von Johann Balthasar König aus dem Jahr 1738, hier beim Jesus-Lied *Ach sagt mir nichts von Gold und Schätzen* abgedruckt (wo die letzten beiden Zeilen, also der Abgesang, einen Refrain bilden). Unser Lied gehört zu den 447 (!) Texten, die zu dieser Melodie (und zehn weiteren) passen. Die erste Strophe von EG 330 korreliert besonders gut mit der Melodiestruktur, insofern die Öffnung zur Dominante am Stollenende bei der Wiederholung dem konsekutiven *so*-Anschluss entspricht, bei der Fortführung zum Abgesang den Hauptsatz weiterführt zum Satz-Objekt *ein Loblied nach dem andern*, ehe in der Schlusszeile erneut der Sext-Gipfelton erreicht wird, ebenso signifikant mit *Gott* verbunden. Die sechste Tonstufe wird hier anders als in der ersten Zeile vom Grundton aus angesprungen, das größte Intervall in dieser Weise und überhaupt das affektiv stärkste in Dur. Diese Schluss-Akzentuierung ist in der TM-Verbindung besonders markant in den EG-Strophen 2 (*O-dem*), 3 (*lieb-lich*), 5 (*Tros-tes*), 6 (*doch*) und vor allem auch in der letzten Strophe 7: *Hal-leluja* ist von den Psalmen und von der Offenbarung her biblisch Inbegriff des Gotteslobs und im Pietismus sozusagen in aller Munde als Chiffre für wahrhaftiges Loben Gottes. Zudem korrespondiert der emphatische Melodie-Einstieg der hoch liegenden 5-3-5-6-5-Tonfolge speziell mit dem *O dass*-Ausruf am Beginn von Str. 1 wie Str. 2 (vgl. *O du fröhliche* EG 44).

Stilistisch setzt König hier den im Choralbuch-Vorwort benannten Grundsatz um: „Ein Choral soll nicht in figural verwandelt, sondern gantz leicht, natürlich und wohl-

---

[4] Die Seite hymnary.org nennt drei englischsprachige Gesangbücher, das neueste noch von 1952, in denen das Lied von Mentzer mit Str. 6 beginnt. Im Internet kann man solche Fassungen auch auf Deutsch finden.

[5] Martin Brose, Mein Mund besinge tausendfach, in: Werkbuch zum Gesangbuch der Evangelisch-methodistischen Kirche, Frankfurt ab 2003 (Loseblattsammlung), 7 und Anm. 20.

fliessend verfasset seyn, daß jedermann ohne Kunst und Mühe mitsingen kann." Die F-Dur-Melodie ist in Viertelbewegung konsequent isorhythmisch gehalten, bei den Intervallen sind Sekundschritte vorrangig, Sprünge sind stets unmittelbar plausibel in Bezug auf die Akkorde in den Grundfunktionen Tonika, Dominante, Subdominante. Spezieller Reiz, in der Affektwirkung „erhebend", ist die bereits benannte Dominant-Orientierung, die in eine förmliche Kadenz mit Oktav-Leitton-Oktav-Wendung in Zeile 5 mündet und darin die Dominantkadenz bereits am Stollenende (Z. 2/4) – wie sie sonst üblich ist, z. B. bei EG 400 (Melodie ebenfalls von König) und EG 450 – gleichsam überbietet. Besser kann man den Gestus des „Praise the Lord" oder „Erhebet die Herzen" in diesem Stilbereich nicht umsetzen. Die Bassführung und Harmonik im Choralbuch ist übrigens darin „modern" (wie im Vorwort betont), dass reichlich Sextakkorde eine geschmeidige Basslinie ermöglichen und insgesamt vier Septakkorde und am Ende der Quartsextakkord (auf die Eins im Schlusstakt) platziert sind. Die vierstimmigen Sätze in RG wie EM trauen sich solche Stiltreue nicht, von den EG-„Choralbüchern" ganz zu schweigen, und verfehlen so die intendierte Erhabenheit des „schlicht und ergreifend", welche im Übrigen ein zeittypisch getragenes Singtempo erfordert.

Bei der Erstveröffentlichung des Liedtextes 1704 ist ihm die bekannte und viel genutzte Melodie *Wer nur den lieben Gott lässt walten* (EG 369) zugewiesen worden. Auch hier ist ein Höhe- und Zielpunkt in Zeile 5 gegeben mit Aufschwung zum Spitzenton und Kadenzierung nach Dur (im Moll-Kontext der Melodie). Wenn man die Strophen von EG 330 so singt, wirkt das besonders in der Schlussstrophe stimmig: *Da säng ich dir im höhern Chor*. Die Neuausgabe des Freylinghausen-Gesangbuchs im Jahr 1741 bietet zusätzlich eine eigene Dur-Melodie im ¾-Takt, die ziemlich „figural verwandelt" daherkommt mit Achtelmelismen und Wortwiederholungen innerhalb der Zeilen, was nur im Sologesang realisierbar ist. Die Zuweisung der sehr gemeindetauglichen König-Melodie hat sich seit den Eisenacher „150 Kernlieder[n]" (1854) in den Gesangbüchern durchgesetzt.

KONRAD KLEK

332 Lobt froh den Herrn, ihr jugendlichen Chöre

EG 332ö GL2 396 ö KG 523ö

Text

Verfasser Hans Georg Geßner **Quelle** *Zwölf Christliche Lieder für die lieben Kinder im Zürcherschen Waisenhause* (Georg Geßner), [Zürich] 1795 (Vorwort datiert 1794), Nr. 1[1] **Überschrift** *Loblied. Melod. Gott ist mein Lied. No. 37. Gesangbuch.* **Ausgabe** LGL2, 707–709 **Strophenbau** A11/5(a+b-) A11/5 (a+b-) R: A8/4x **Abweichungen** nach 1: 2. *Wir schau'n umher*; 3. *Du sprachst – da war*; 4. *Herr! Alles zeugt*; 5. *Wir Menschen, wir sind*; 6. *Der Wesen Schaar*; 7. *Du sorgst mit Treu*; 8. *O wer ermißt*; 9. *Vom Himmel her*; 10. *In Todes Nacht*; 11. *In dunkle Gruft*; EG 2[Q=12],1 *Es schallt empor zu deinem Heiligtume*; 2,2 *zu deinem*; 2,3 *Du, der sich Kinder auserkohr*; EG 3[Q=13],3 *Das Lob, das unsrer Seel' entquoll*; nach 3: 14. *Wir stammeln hier*; 15. *Wer hier Dich ehrt*; EG Str. 4 = Q Str. 16 **Verbindung** TM in der Q ohne N, die Überschrift verweist auf das Zürcher Gesangbuch von 1787 (Z VI 1011/ DKL 1787[12]) mit Melodie Z I 88b (jambisch 4.7.11.8.)

Melodie

Incipit 5_ 8_.765 5_3_5_ 5_.432 3_1_ **Verfasser/ Entstehung** in der unten als Quelle angegebenen Publikation ist [Hans Georg] Nägeli als Komponist genannt, die Datierung 1815 im EG stammt aus einer späteren Veröffentlichung,[2] konnte hier aber nicht verifiziert werden; der z. Z. älteste bekannte Druck scheint: **Quelle** *Theomele. Eine Sammlung auserlesener christlicher Lieder und Gesänge mit Begleitung des Pianoforte* [...] *Zweites Heft*, Gütersloh 1836, Nr. 65[3] **Ambitus** G: 11; Z: 86b5b **Abweichungen** mit 3st. Klaviersatz (zwei Singstimmen); große Terz höher **Verbindung** MT wie EG

---

[1] Digitalisat der Zentralbibliothek Zürich: https://t1p.de/6oeui (21.6.2022).

[2] Z. B. in: Große Missionsharfe, Gütersloh [13]1895, Nr. 236; auch NelleG [2]1909, 282 transportiert dies Datum (noch nicht [2]1904). – Das Lied ist nicht enthalten in: Auszug aus der Gesangbildungslehre nach Pestalozzischen Grundsätzen, herausgegeben von Pfeiffer und Nägeli. Mit Anhang ein- zwei- und dreistimmiger Gesänge, Leipzig o. J. [1815 – lt. Münchener DigitalisisierungsZentrum: https://t1p.de/eh5xe (31.8.2022)]; auch nicht in: Gesangbildungslehre nach Pestalozzischen Grundsätzen pädagogisch begründet von Michael Traugott Pfeiffer, methodisch bearbeitet von Hans Georg Nägeli. [...] mit drey Beylagen ein= zwey= und dreystimmiger Gesänge, Zürich 1810 [Münchener DigitalisisierungsZentrum: https://t1p.de/bdhla (31.8.2022)]; auch nicht, wie Walter 2015, 14 schreibt, in der separat erschienenen Beilage mit den zweistimmigen Gesängen; auch nicht in: Christliches Gesangbuch für öffentlichen Gottesdienst und häusliche Erbauung (Hans Georg Nägeli), 2 Bde., Zürich 1828; auch nicht in: Christliche Harmonika: eine Auswahl von geistlichen Liedern mit dreystimmigen Melodien, Basel um 1818 (1837).

[3] Münchener DigitalisisierungsZentrum: https://t1p.de/nevn9 (27.7.22).

Literatur

HEG II, 115.222 ** LGL2, 706–710; ThustB, 293 f/ Nf, 272; ThustL II, 128 f ** Nelle (³1924/1962) Nr. 21; RößlerL (²2001) 123 f ** NelleG ³1928/⁴1962, 277 * Stefan, Hans-Jürg: Kirchenlied und Kirchengesang in Nachbarländern Deutschlands. Schweiz, WEG VI (2000), 46–54, bes. 53 * Evang, Martin: Monatslieder. Liturgische Anregungen für das Kirchenjahr 2011/12, in: Thema: Gottesdienst 34 (2011) 33 f * Walter, Meinrad: „Ich lobe meinen Gott …". 40 Gotteslob-Lieder vorgestellt und erschlossen, Freiburg/ Basel/ Wien 2015, 11–14

Die Ursprünge des vorliegenden Liedes liegen in Zürich. Sowohl Text als auch Melodie stammen von zwei bedeutenden Persönlichkeiten der Zürcher Gesellschaft um 1800: Georg Geßner (1765–1843) – Pfarrer, Theologieprofessor, Mitbegründer der Zürcher Bibelgesellschaft, der Zürcher Missionsgesellschaft und ab 1828 Vorsteher der gesamten Zürcher Kirche – und Hans Georg Nägeli (1773–1836) – Betreiber eines Musikverlages und Leiter eines Singinstituts, Vorbild der Schweizer Singbewegung und Ratsmitglied der Stadt.

Geßner verfasst den Text dieses belebenden Lobliedes auf eine Weise, die auf Johannes Schmidlins (1722–1772) Melodie zu „Gott ist mein Lied" (Z I,88a) zurückgeht und im Zürcher Gesangbuch 1787 in bearbeiteter Form gedruckt war.[4] Die ursprünglich 16 Strophen, von denen sich im EG heute nur noch die Strophen 1, 12, 13 und 16 – im Vorgänger-Gesangbuch EKG zusätzlich auch die Strophe 14 – finden, rufen emphatisch zum Gotteslob auf. Genauer gesagt: zum gesungenen Gotteslob. Dadurch macht sich das Lied in gewisser Weise selbst zum Thema. Die im EG vorliegende komprimierte Fassung nimmt der 16-strophigen Version die Argumente für das Gotteslob, die in einer Entfaltung der Wesenseigenschaften Gottes (Weisheit, Güte, Treue, Liebe) und seiner Werke, darunter die Schöpfung, liegen. Auch die Darstellung des Heilsgeschehens durch Jesus Christus (Str. 9–11) fehlt. Dafür gewinnt das Lied an Applikabilität und Eingängigkeit. Der Text wurde 1795 mit „Loblied" überschrieben in „Zwölf christliche Lieder für die lieben Kinder im Zürcherschen Waisenhause" veröffentlicht. Das Buch, das Geßner anlässlich seiner Ernennung zum Pfarrer des Zürcher Waisenhauses herausgibt, solle, so der Autor im Vorwort, den Kindern „Freude […] machen, […] gute Gedanken und fromme Empfindungen […] erwecken."

Im folgenden werden nur die Strophen des EG kommentiert; sie entsprechen in ihrer Auswahl und Bearbeitung der Arbeitsgemeinschaft für ökumenisches Liedgut (AÖL). Lied und Entstehungskontext passen ausgezeichnet zueinander: In der ersten Strophe kann Geßner als Sprecher imaginiert werden, der eine Ermunterung zum Lobgesang an die Adressaten, die Waisenkinder, richtet. Dass diese erfolgreich war, zeigen die Strophen 2 und 3, wo die nun gemeinsam singende Gruppe, also die Waisenkinder bzw. die Gemeinde, zusammen mit dem lyrischen Ich (Geßner) das geforderte Lob anstimmt. Dabei ebbt der Aufruf zum Lob aber in keiner Weise ab. In der heutigen Strophe 2 wird Gott noch wie in Strophe 1 in der dritten Person genannt (*seinem Heiligtume*), erst ab der

---

[4] S. o. Text/ Quelle und Verbindung MT.

dritten Strophe wird er direkt angesprochen (*dir singen* bzw. *zu deinem Throne*; das ist im Erstdruck durchgängig bereits ab der zweiten Strophe der Fall): In dem Kohortativ *lass unser Herz dir singen* wird Gott direkt adressiert. Das in der Überschrift genannte Thema *Loblied*, das im Wortfeld „loben", „Lied", „schallen", „singen" auch in den bisherigen Strophen dominiert hat, wird hier nun explizit aufgenommen. In Strophe 4 steigert sich schließlich noch einmal die so gewonnene Vertrautheit mit Gott, der als Vater angesprochen wird, und durch den eingeschobenen Ausruf *o Seligkeit!* auch die Emotionalität. Eine Steigerung ist auch die Vorstellung, dass das Singen *auf tausend Weisen* geschehe. Hier klingt eine Vielstimmigkeit an, in der nicht nur das Loblied im Singular als legitimes Medium zu Ruhm und Ehre Gottes gilt, sondern auch die Verschiedenheit der Glaubenden, die aber doch alle Kinder des einen Vaters sind, anerkannt wird. Dieser eschatologische Ausblick wird durch die biblische Formel *von Ewigkeit / zu Ewigkeit* unterstrichen, mit der das Lied schließt. Diese Wendung findet sich sowohl im Alten als auch im Neuen Testament, besonders auffällig in den Psalmen (vgl. z. B. Ps 41,14; 90,2; 103,17; 106,48: מעולם ועד־עולם / meʿōlām weʿad ʿolām) – hier die Parallele zum Loblied – und in der Offenbarung (vgl. Offb 5,13; 11,15; 22,5: εἰς τοὺς αἰῶνας τῶν αἰώνων) – dort apokalyptisch-eschatologisch orientiert.

Die Strophen bestehen aus je sechs Kurzzeilen, wobei je zwei zu einer Langzeile zusammengefasst werden können. Daraus ergibt sich ein Kreuzreim, gefolgt von einem Paarreim, respektive einer Wiederholung der letzten Kurzzeile *Lobt froh den Herrn*, in den Strophen 1–3. Nur in der vierten Strophe wird die Schlusszeile mit der Formel *von Ewigkeit zu Ewigkeit* abgewandelt und damit besonders betont. In der Urfassung dagegen gibt es diesen „Refrain" nicht, hier haben alle 16 Strophen eine eigene Schlusszeile.[5] Bei aller Einfachheit der Wortwahl bemüht Geßner sich darum, den Lobgesang auf möglichst vielfältige Art und Weise auszudrücken. Der Text enthält an verschiedenen Stellen geprägtes theologisches Vokabular, das aber angesichts einer einfachen Syntax nicht zu einer Steigerung der Komplexität der Aussage führt. Geßner verwendet einen überwiegend parataktischen Satzbau, gelegentlich unterbrochen durch Relativsätze oder Appositionen, die dazu dienen, die jeweiligen Adressaten der einzelnen Strophen präziser herauszustellen.

Geßner wird in der Biographie von Georg von Wyß von 1879[6] als hingebungsvoll, aber besonnen beschrieben. Das zeigt sich insbesondere im Hinblick auf die politischen und gesellschaftlichen Umwälzungen, wie sie sich zu Geßners Lebzeiten in Zürich ereignen und an denen er auch nicht unmaßgeblich beteiligt ist. Geßner steht der Erweckungsbewegung nahe und veröffentlicht mehrere Erbauungsbücher. Die neu-pietistische Bewegung steht in Wechselbeziehung zur methodistischen Erweckung in England und ist von unmittelbaren Äußerungen des Glaubenslebens geprägt. Diese finden ihren musikalischen Ausdruck oftmals in Form von mitreißenden Massenliedern. Der enthusiastische Charakter des Liedes, ergänzt durch eine schlichte und damit massentaugliche

---

[5] Dieser Refrain ist bereits in der Melodiequelle (s. o. den Hymnologischen Nachweis) angelegt, dort sind aber nur die erste und zweite Strophe abgedruckt.
[6] Georg von Wyß, Artikel „Geßner, Georg", in: Allgemeine Deutsche Biographie 9 (1879), 96–97, Digitale Volltext-Ausgabe: https://t1p.de/bg7lr (25.7.2022).

metrische Struktur, zeigt sich dafür sehr gut geeignet. Entsprechend seiner protestantischen Prägung und seinem Einsatz für die geistliche Erbauung empfindet Geßner gerade das Singen als angemessenes Medium zum Lob Gottes, da sich darin die Emotionalität als Teil der Gottesbeziehung auf unterschiedliche Art und Weise äußern lässt.

Die Melodie Hans Georg Nägelis, die möglicherweise schon 1815 dem Text Geßners zugeordnet wird, unterstreicht den beschwingt tänzerischen Gestus des Liedes. Der „Refrain" ist durch die hohe Lage und die sequenzartige Wiederholung vom vorangehenden Strophenteil abgesetzt. Die Melodie steht im Dreivierteltakt, hat einen vergleichsweise großen Ambitus von einer Undezime und beginnt mit einem charakteristischen Auftaktsprung von der Quinte zum oberen Grundton, bei dem die Punktierung gleich auf das zweite Wort *froh* einen Höhepunkt setzt, der die beschwingte Stimmung des restlichen Stückes auch vom Text her bestimmt. In der Fortsetzung wird das Wort *Herr* auf zwei Viertel gestreckt und so eine Betonung des zu Lobenden erzielt.

Die Melodie spielt mit dem Wechsel langsamerer und schnellerer Passagen; punktierte Viertel markieren jeweils den Phrasenhöhepunkt. Sie ist durch die sich wiederholenden rhythmischen Motive und einfache Harmonien – bei einer taktweisen Harmonisierung genügen Tonika, Subdominante und Dominante – eingängig und gut singbar. Gepaart mit dem (gerade in seiner gekürzten Fassung) unkomplizierten Text ist es kein Wunder, dass sich das Lied, zunächst vor allem im außerkirchlichen Kontext und in der christlichen Jugendarbeit, schnell großer Popularität erfreut. Es wird in zahlreichen Erbauungsbüchern des 19. Jahrhunderts abgedruckt. Mit dem Anspruch eines ehrwürdig getragenen Duktus der Kirchenmusik der Aufklärung ist das Lied allerdings weniger kompatibel, weshalb es wohl auch erst 1899, bereits in gekürzter Fassung, in ein Gesangbuch, das evangelische Gesangbuch Straßburg, aufgenommen wird.

Die Popularität des Liedes dauert danach inner- und außerhalb des gottesdienstlichen Gebrauches an: Vor allem in der Singbewegung des frühen 20. Jahrhunderts, die über junge Pfarrer, Kantoren und Lehrer in kirchliche Kreise eindringt, findet es positiven Anklang. So nimmt es unter anderem Walter Werckmeister 1920 in das Liederbuch „Wandervogel Liederborn" auf, und Wilhelm Nelle hatte bereits 1904 geschrieben: „Kaum ein Lied hat es unserer Jugend so angetan, als des Zürcher Antistes Geßner ‚Lobt froh den Herrn, [...]'."[7] Im Deutschen Evangelischen Gesangbuch von 1915 und einigen Regionalteilen des EKG war es mit 5 Strophen enthalten.[8] Auch in der katholischen Jugendarbeit wird das Lied rezipiert und findet so in den 1940er Jahren Eingang in katholische Gesangbücher. Im Gotteslob 2013 ist es unter der Kategorie „Leben in Gott – Lob, Dank und Anbetung" abgedruckt. Die einheitliche Text- und Melodiefassung erlaubt eine problemlose Verwendung in der Ökumene.

HANNAH SOPHIE KÄTHLER

---

[7] NelleG 1904, 227f.
[8] Mit der originalen Str. 14 zwischen den heutigen Strn. 4 und 5 und bereits mit dem „Refrain" *Lobt froh den Herrn* in den Strn. 2 und 3 (vgl. oben die Angaben zu Text/ Abweichungen und Fußnote 5).

333 Danket dem Herrn! Wir danken dem Herrn

EG 333 RG 248 EM 14

Text

Verfasser Karl Friedrich Wilhelm Herrosee **Vorlagen** Str. 1: Ps 118,1; Str. 2: Ps 103,2 **Quelle** wie Melodie/Quelle (a) **Überschrift** *Danklied* **Strophenbau** 4/2a A5/2a A5/2x- A10/5b |:A6/3b:| **Abweichungen** 3,4 Huld *wird*; 5,1 *Anbetung ihm*; 6,1 *Lobsinget ihm*; 6,2 *Wir lobsingen ihm*; 6,4 *Und* er; je ohne Wiederholung von Z. 4b **Verbindung TM** wie EG

Melodie

Incipit 1_31 5_ **Verfasser** Karl Friedrich Schulz **Entstehung** die Datierung 1810 im EG ist z. Z. nicht verifizierbar **Quellen** (a) *Leitfaden bey der Gesanglehre nach der Elementarmethode* (Karl Schulz), Leipzig/Züllichau/Freistadt [1812, datiertes Vorwort] * (b) [...] *Neue veränderte Auflage*, ebd. 1816[1] * (c) *Kleine Missionsharfe im Kirchen- und Volkston für festliche und außerfestliche Kreise. Achtzehnte Auflage. (Unveränderter Abdruck.)*, Gütersloh 1864 (mit Vorwort zur ersten Auflage 1852; Nr. 47)[2] **Ambitus** G: 11; Z: 56b3b53b3b **Abweichungen** (a+b) Ton höher; Taktangabe ¢; abweichender Satz für drei Soprane und eine Bassstimme: weiteres s. Abb. im Kommentar * (c) Ton höher; mit 2. Stimme in derselben Notenzeile ab Z. 2; T. 1–2 Vorsänger, dann Chor; Schlussnote: Halbe mit Viertelpause (sic) **Verbindung MT** wie EG

Literatur

HEG II,149 (mit Ergänzungen von Wolfgang Herbst in JLH 38 [1999], 257) 288 ** ThustB, 294/ Nf, 272; ThustL II, 129f ** Petrich ²1924, 118f * Schlunk 1951, 46f

Lobpreis – dies ist das durchgehende und ausschließliche Thema des Liedes. Zum Lobpreis ruft es auf, und es vollzieht ihn zugleich. Das Lobpreis-Vokabular prägt fast alle Strophen: *Danket, lobet, Ehre, Anbetung, singet, Chöre, Lobgesang*. Ein zweiter Wortbereich beschreibt Gott: *Herr, freundlich, Güte, ewig, Guts getan, Macht, allmächtig, Huld, groß, heilig, Name*. Damit ist ein Gottesbild gezeichnet, das im „Majestätsparadigma" verortet ist, vervollständigt durch die Begriffe, die Gottes Güte und Freundlichkeit nennen. Impliziert ist damit zugleich ein Bild vom Menschen, der ganz auf Gott angewiesen ist. Seine einzige Aktivität ist das Gotteslob, in welchem er sich ganz auf Gott fokussiert. Außerhalb dieser Beziehung ist von der menschlichen Existenz im Text nicht die Rede. Wie in neueren Lobpreis-Liedern oder „Worship Songs" überwiegen präsentische Formulierungen. Anamnetische Elemente fehlen mit Ausnahme der zweiten Strophe, und

---

[1] Digitalisat bei google books: https://t1p.de/9pr2 (S. 58; 18.11.2021).
[2] Die erste Auflage ist zur Zeit nicht auffindbar.

das Futurische ist nur im *ewiglich* impliziert. Im Fokus steht die Gegenwart Gottes, die im Lob direkt erfahren wird, in der qualifizierten Gegenwart des Gottesdienstes.

Der Wortschatz und auch ganze Formulierungen sind der Bibel entnommen, vor allem den Psalmen. Dabei entsteht eine assoziative Aneinanderreihung von Zitaten, die nicht direkt eine zwingende Anordnung erkennen lässt. Immerhin besteht eine Symmetrie darin, dass die ersten beiden und die letzten beiden Strophen zum Lob auffordern, die beiden mittleren Gottes Macht und Größe beschreiben – bei den Psalmen würde man vom beschreibenden Lob sprechen –, und die letzte Strophe fasst im *Lobgesang* zusammen, was das ganze Lied vollzogen hat.

Der Beginn der ersten Strophe legt eine dialogische Struktur an: Ein Vorbeter oder Vorsänger ruft zum Danken auf, die Gemeinde antwortet auf diesen Aufruf mit einem direkten Zitat aus Psalm 118,1 bzw. 136,1, wo ebenfalls eine dialogische Struktur angelegt ist. In den anderen drei Strophen, die mit dem Aufruf beginnen, ist die Dialogform gewahrt, wenn auch weniger klar: In Strophe 2 ist es ein „Ich" (in der biblisch vertrauten Formel *meine Seele*), das mit dem Anfang von Psalm 103 antwortet. Strophe 5 macht die Antwortstruktur erst in ihrem Verlauf erkennbar und nennt das Subjekt der Anbetung, *von uns …;* die Strophe ist frei nach Psalm 29,1–2 formuliert – *Bringet dem Herrn Ehre seines Namens.* Strophe 6 schließlich bleibt in der Form der Aufforderung, setzt dann aber bei *auch unsern Lobgesang* das Miteinander derer, die zum Lob auffordern, und derer, die es aussprechen, voraus.

Die mittleren beiden, die beschreibenden Strophen zitieren Klagelieder 3,22–23 – *seine Huld ist jeden Morgen neu* – und den Engelruf aus Jesaja 6,3: *alle Welt ist seiner Ehre voll.* Durch die zitathafte Konzentration wirkt der Text in seiner Gestalt stabil und durchgeformt. So fällt kaum auf, dass ihm der Reim fehlt. An seine Stelle treten direkte Textwiederholungen, zuerst von der ersten zur zweiten Zeile, danach über alle folgenden Zeilen hinweg. Die Strophenform zeigt stark unterschiedliche Zeilenlängen, beginnt im daktylischen Metrum und setzt sich durchgehend jambisch fort. Es hat den Anschein, dass die stilisierte Prosa des Psalmverses direkt die Struktur der ersten Strophe erzeugt hat, welcher sich die folgenden dann einordnen.

Die Fundierung des Textes in den Psalmen und weiter im Alten Testament mag mit dem kirchlichen Hintergrund des Autors zu tun haben. Karl Friedrich Wilhelm Herrosee (ursprünglich Herrosé) entstammte der französisch-reformierten Gemeinde in Berlin, die von den aus Frankreich geflüchteten Hugenotten im 17. Jahrhundert aufgebaut worden war. Traditionsgemäß steht der Psalter da im Zentrum des Gesangs. Den Liedtext schrieb er, als er Superintendent in Züllichau/Oder (heute Sulechów, Polen) war. Am selben Ort arbeitete Karl Friedrich Schulz als Gesangslehrer am Seminar. Er komponierte eine Melodie zu dem Text, die noch keine Wiederholungen der letzten Textzeile aufweist und in der vierten Zeile von der später verbreiteten Fassung deutlich abweicht. Bemerkenswert ist, dass sie die Dialogstruktur des Anfangs aufnimmt, indem die erste Kurzzeile nur vom Bass gesungen wird, worauf drei hohe Stimmen im homophonen Satz dazu treten. Gemäß der Bemerkung am Anfang des Liederanhangs zu Schulz' Gesangslehre singt der Lehrer die Bassstimme, die Schüler singen die Oberstimmen. In der ersten Auflage 1812 ist der Rhythmus im Mittelteil noch etwas unausgeglichen, geradezu holprig:

333 Danket dem Herrn! Wir danken dem Herrn

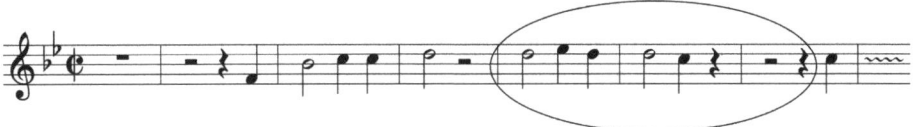

In der 2. Auflage 1816 ist der Rhythmus deutlich flüssiger; die Töne aller Stimmen sind unverändert (beide Abbildungen von C-Dur nach B-Dur transponiert):

Diese Melodieform begegnet noch in der Ausgabe *Singet dem Herrn!* (Basel/St. Chrischona 1875, 3. Aufl. 1895, Nr. 52) und im Gesangbuch für Elsass-Lothringen 1899. Unsere heutige Melodie lässt sich vom mittleren 19. Jh. an belegen, so in der „Kleinen Missionsharfe"[3] und in verschiedenen freikirchlichen Publikationen. Vorausgesetzt ist sie offensichtlich auch im sächsischen Gesangbuch von 1883. Dort steht das Lied als erstes im Anhang „Geistliche Volkslieder" (Nr. 687), zwar ohne Melodie, aber mit ausgeschriebener Wiederholung der Schlusszeile, wie sie der jüngeren Melodieform entspricht. Diese erscheint dann auch im Anhang zum Gesangbuch für Rheinland-Westfalen 1930. Die Zuweisung zu den „Geistlichen Volksliedern" könnte darauf hinweisen, dass das Lied trotz der eher aufklärerischen Orientierung des Autors zuerst im freikirchlich-erwecklichen Kontext rezipiert wurde und dadurch für die landeskirchlichen Gesangbücher etwas suspekt erschien. Von wem die geänderte Melodiefassung und der Satz im EG sind, ist nicht bekannt, von Schulz selbst eher nicht, denn er ist bereits 1850 verstorben. Der Nachweis im EG müsste also etwa lauten: M und Satz: nach Karl Friedrich Schulz 1812/16.

Durch die zweimalige Wiederholung der letzten Textzeile entsteht – zusammen mit dem kurzen Dialog des Anfangs – eine ziemlich ungewöhnliche Strophenform. Ungewöhnlich ist auch der Verlauf der Melodie. Sie beginnt wie eine Fanfare in steilem Aufstieg durch den Grunddreiklang. Die hohe Energie des Anfangs hält sie aber nicht durch; die Tonumfänge der Zeilen werden klein, und die Lage um den oberen Grundton herum wird nicht mehr verlassen. Auch die empfindsam wirkenden Vorhaltsbindungen

---

[3] S. o. Melodiequelle (c).

in der vierten Zeile stehen in Kontrast zur eröffnenden Fanfare – sie erinnern an die ariosen Bindungsfiguren in der Originalfassung, die dort aber im doppelten Tempo laufen. Andererseits bleibt durch die andauernd hohe Lage eine gewisse emotionale Intensität erhalten.

Der Rhythmus folgt zuerst dem daktylischen Textmetrum. Ebenfalls durch die Textdeklamation gestützt sind die langen Noten in den letzten beiden Zeilen, während die Position der langen Noten beziehungsweise Bindungen in den mittleren Zeilen keinen direkten Anhalt am Text haben und mehr der musikalischen Form dienen, indem sie den starken Längenunterschied der beiden Zeilen etwas ausgleichen. Der Satz beschränkt sich sowohl in der älteren wie in der jüngeren Melodieform in klassizistischer Weise weitgehend auf die Hauptstufen. Die Melodie lässt die aufklärerische Ästhetik der „edlen Simplizität und Würde" erkennen, mit einem Hang zum pathetisch-expressiven Typus. Wie Vokabular, Zitathaftigkeit, Gottesbild und Konzentration auf die Gegenwart verbindet auch die Emotionalität der Melodie das Lied in gewissem Sinne mit dem modernen „Worship"-Repertoire.

ANDREAS MARTI

342 Es ist das Heil uns kommen her

EG 342   RG 274   EM 292

Text

Verfasser Paul Speratus **Entstehung** 1523 **Vorlage** Röm 3,21–28 **Quelle** *Etlich Cristlich lider Lobgesang*, Wittenberg [recte: Nürnberg] 1523/24 (Achtliederbuch; DKL 1524¹²⁺¹³) **Überschrift** *Ein lied vom gesetz vnd glauben/ gewaltigklich mit götlicher schrifft verlegt. Doctoris Pauli Sperati.* **Ausgaben** W III,55; WA 35, Nr. 5; WA.A Nr. 2B **Strophenbau** A8/4a A7/3b-, A8/4a A7/3b-, A8/4c A8/4c A7/3x- vgl. Frank 7.7 ‚Lutherstrophe' **Abweichungen** Die Strophen sind mit Großbuchstaben statt mit Zahlen bezeichnet; 1,3 Die Werk [ohne *die*] helfen; 1,4 sie *mügen*; 1,6 hat *gnug für vns alle*; nach 2[Q = B]: C *Es war ein falscher won darbey*; D *Nicht müglich war die selbig art*; 3,1 *Noch* musst; 3,3 *Darumb* schickt Gott *sein*; 6,1 *Er* ist; 6,3 gibt *auß von jm den* Schein; 6,4 *So* er; nach 6[Q = H]: J *Es wird die sündt durchs gsetz erkant*; 7,3 *Wenn* das; 7,10 *Dabey wirn* Glauben; nach 7[Q = K]: L *Die hoffnung wart der rechten zeyt*; M *Ob sichs an ließ als wölt er nit*; 8,2 dieser *guthait*; 8,3 Sohn *heyligem* Geist; 9,2 *Stee* wie; 9,5 *Als* wir; 9,6 *Mach* uns * RG und EM: nur Strophen 1 und 6–9; 1,2 lauter *Güten* (nur RG); 1,3 die *Werke helfen*; 1,4 sie *mögen*; 1,5 sieht *Jesum Christum* (nur RG); 6,1 *Gerecht vor Gott sind die* allein; 6,2 *die dieses Glaubens leben* (EM: *die diesen Glauben leben*); 6,3 *es wird des Glaubens heller* Schein; 6,4–5 *durch Werke kund sich geben. Mit* Gott; 6,6 *und an der Liebe siehet man*; 6,7 *dass du* aus; 7,1 *Gewiss, die Werke kommen* her; 7,3 *nicht rechter Glaube wär es mehr*; 7,4 *wollt man die Werk ihm rauben*; 7,6 *Werke sind*; 8,2 um *aller*; 8,5 uns *begonnen* **Verbindung TM** wie EG * von Anfang an auch mit Melodie EG 341 (*Nun freut euch, lieben Christen gmein*) verbunden * vgl. auch die Angaben unter Verbindung MT

Melodie

Incipit 55_5_5_7b_6_5_4_ **Vorlage** *Disse oisterliche dage* (Tropus zur Antiphon *Regina caeli laetare*; D-Ma 12° Cmm 82); DKL II/2, 245.249 und DKL II/4, 631 **Quelle** s. Textquelle **Ausgaben** Z III,4430; WA.A Nr. 2B, 8A, 9A, 11A; DKL III/1,2 Ea2 **Ambitus** G: 8; Z: 46(46)46b4 **Abweichungen** Quinte tiefer; vor jeder Zeile Achtelpause; Z. 2/4 N 5 ohne Erhöhungszeichen; Z. 5 N 2–3 punktierte Viertel mit Achtel, N 5 *a'*; Z. 6 N 2–3 punktierte Viertel mit Achtel, N 3–8 *g' a' d' fis' a' fis'*; Z. 7 N 1 *d'*, N 6 *g'*, N 8 Ganze **Verbindung MT** in der Q wie EG, dort außerdem zu *Ach Gott vom Himmel sieh darein* (EG 273), *Es spricht der Unweisen Mund wohl* (W III,4, WA.A Nr. 8) und *Aus tiefer Not schrei ich zu dir* (EG 299) * von Anfang an auch mit *Nun freut euch, lieben Christen gmein* (EG 341; der Beginn dieses Textes geht auf die 2. Str. der Vorlage und verwandte Texte zurück) gesungen * die Melodie ist die verbreitetste des 16. Jh., bis 1570 ist sie zu 11 Texten gedruckt worden, und bei 219 Texten ist auf die in derselben Quelle gedruckte Melodie EG 342 verwiesen worden (DKL III/1 Register, 62–67; weitere Text-Melodie-Verbindungen s. DKL III/1–4 zu Ea2 und Ea2A–L) * heute noch zu: *O Tod, wo ist dein Stachel nun* (EG 113), *Nun freue dich, du Christenheit* (GL 222, GL2 regional[1]), *O Licht der wunderbaren Nacht* (GL2 334)

---

[1] Vgl. *Annette Albert-Zerlik* in: Mechthild Bitsch-Molitor/Ansgar Franz/Christiane Schäfer (Hg.), Die Lieder des Mainzer Gotteslob. Geschichte – Musik – Spiritualität, Ostfildern **2022**, Nr. 817.

Literatur

HEKG (Nr. 242) I/2, 377–383; III/2, 178–181; Sb 375–379; HEG II, 232 f.305 f ** ThustB, 301–303/ Nf, 279–281; ThustL II, 141–145; Een Comp, Nr. 344 ** KLL (1878–1886) I, 179–181; Nelle (³1924/1962) Nr. 260; Bruppacher (1953) 271 f; DKL III (1993–2010)/1–4, Textbde. zu Ea2 und Ea2A–L, vor allem DKL III/1.2 Textbd. S. 79–81; RößlerL (²2001) 58–60 ** Brodde, Otto / Müller, Christa: Das Graduallied. München 1954, bes. 64–67 * Ameln, Konrad: Das Achtliederbuch vom Jahre 1523/24. Zu unserer Faksimile-Beilage, JLH 2 (1956) 89, Beilage * Lipphardt, Walther: Ein Mainzer Prozessionale (um 1400) als Quelle deutscher geistlicher Lieder, JLH 9 (1964) 95–121 * Möller, Christian: „Es ist das Heil uns kommen her von Gnad und lauter Güte". Wie es in Heidelberg zur Reformation kam, in: In Dubio pro Deo. Heidelberger Resonanzen auf den 50. Geburtstag von Gerd Theissen am 24. April 1993, Heidelberg **1993**, 191–199 * Meding, Wichmann von: Luther und Speratus: Zwei Liedermacher in Wittenberg, MuK 64 (**1994**) 188–199 (bes. 189 f) * Burba, Klaus: „Es ist das Heil uns kommen her". Von Speratus selbst der Gemeinde erläutert, WüBll 95 (**1995**) 27–48 * Möller, Christian: Es ist das Heil uns kommen her, in: Möller **1997**, 184–191 * Meding **1998**, bes. 202–205 * Ackermann, Andrea: Die Reformation im Spiegel ihrer Kirchenlieder, Luther 74 (**2003**) 60–80 (bes. 65–70) * Brecht, Martin: Erinnerungen an Paul Speratus (1484–1551), ein enger Anhänger Luthers in den Anfängen der Reformation, Archiv für Reformationsgeschichte 94 (**2003**) bes. 124–128 * Janota, Johannes (Hg.): Adam Reißner. Gesangbuch. Bd. 2, Kommentar zur Augsburger Handschrift, Berlin/ Boston **2004**, 441–448 * Degen, Daniel: Das Lied „Es ist das Heil uns kommen her" von Paul Speratus, JLH 49 (**2010**) 135–162 * Korth, Hans-Otto: Gedruckte Überlieferung als Aspekt der Materialität. Das Kirchenlied des 16. Jahrhunderts in Wechselwirkung zu seinen Quellen, in: Martin Schubert (Hg.): Materialität in der Editionswissenschaft, Berlin/New York **2010**, 369–380, bes. 375–378 * Stalmann, Joachim: Singend beten? Was hat das Vaterunser im Gesangbuch zu suchen?, MuK 85 (**2015**) 14–18 * Lauterwasser, Helmut: Es ist das Heil uns kommen her. Anmerkungen zur Entstehungs- und Wirkungsgeschichte einer Melodie, JLH 60 (**2021**) 331–336

Das Lied bietet reformatorische Theologie aus erster Hand – in einer einzigartigen und einprägsamen Form. Eng verwandt ist es mit Luthers *Nun freut euch, lieben Christen gmein* (EG 341). Mit diesem verbindet es auch die Nachbarschaft im Gesangbuch – und zwar keineswegs erst im EG: Bereits im Nürnberger „Achtliederbuch" von 1524 folgt das Lied von Speratus auf das von Luther. Beide Lieder haben die Rechtfertigungslehre bekannt gemacht und gehören zum reformatorischen Kernbestand. Schon ihre Entstehung ist eng miteinander verbunden.[2] In seiner gewaltigen Wirkung wird das Lied von Speratus, ähnlich wie *Ein feste Burg* (EG 362), immer wieder als ‚Sturmlied' oder als ‚Marseillaise' der Reformation bezeichnet, die „die evangelische Lehre auf Flügeln des Gesanges durch Deutschland tragen" half.[3]

---

[2] Meding 1994, 198, spricht von einer sich „wechselseitig beeinflussenden Zusammenarbeit" zwischen den beiden Autoren.

[3] KLL I, 179. Vgl. Joachim Stalmann, HEG II, 305: „In verschiedenen Städten haben Gemeinden durch Anstimmen dieses Liedes die Reformation erzwungen, so in Heidelberg und in Waiblingen/Württemberg."

Der Autor Paul Speratus wird 1484 in Rötlen bei Ellwangen (Württemberg) geboren. Während seiner Priestertätigkeit im mährischen Iglau wird er 1523 vom Olmützer Bischof als Sympathisant der Reformation verhaftet und zunächst zum Feuertod verurteilt, nach dreimonatiger Haft aber entlassen. Er geht nach Wittenberg und trifft mit Luther zusammen. Ab 1524 agiert er als Reformator des Herzogtums Preußen. Speratus stirbt 1551 in Marienwerder.

Seine Gefangenschaft beim Bischof von Olmütz macht Speratus in den Augen vieler zum evangelischen Märtyrer. Aufgrund einer Notiz des Iglauer Stadtschreibers Martin Leupold galt diese Gefangenschaft lange als Entstehungshintergrund des Liedes *Es ist das Heil uns kommen her*: Speratus habe im Gefängnis Luthers *Nun freut euch, lieben Christen gmein* kennengelernt und daraufhin sein eigenes Rechtfertigungslied geschrieben. Man sah darin ein Zeugnis seines Bekennermuts.

Mittlerweile gilt dies als Legende:[4] Luthers Lied war gerade erst entstanden, als Speratus freikam. Dessen Lied muss also in der Wittenberger Zeit entstanden sein, in der er als Mitarbeiter Luthers tätig war – was die offenkundige Nähe beider Lieder womöglich noch besser erklärt. Luther hatte zuvor in verschiedenen Schriften mehr deutsche Gesänge für den Gottesdienst gefordert – etwa in der „Formula missae et communionis" (1523), die Speratus ins Deutsche übersetzt hat.

Sowohl EG 341 als auch EG 342 wurden wohl schon 1523 auf Einblattdrucken veröffentlicht, bevor sie der Nürnberger Verleger Jobst Gutknecht in dem erwähnten Achtliederbuch von 1524 erstmals gemeinsam abgedruckt hat. Das Lied von Speratus steht dort unter der Überschrift: „Ein lied von dem gesetz vnd glauben / gewaltigklich mit götlicher schrifft verlegt. Doctoris Pauli Sperati." Auf eine Besonderheit weist diese Überschrift bereits hin: Auf den Liedtext folgt eine „Anzaygung auß der schrifft warauff diß gesang allenthalben ist gegründet", eine Aufstellung von insgesamt 52 Bibelstellen. Die exegetisch-theologische Arbeitsweise und die literarische Verdichtung biblischer Bezüge sind damit sehr genau dokumentiert.

Das Lied umfasst insgesamt 14 Strophen, die ursprünglich alphabetisch mit Großbuchstaben gekennzeichnet sind. Im EKG waren von diesen Strophen noch zwölf übrig, im EG sind es neun; es fehlen die Strophen C, D, J, L und M. Die im EG enthaltenen Strophen werden nachfolgend mit der dortigen Nummerierung zitiert, die fünf nicht enthaltenen mit den entsprechenden Buchstaben. Ihr Text wird unten im Zusammenhang mit der Einzelkommentierung jeweils vollständig wiedergegeben.

Speratus verwendet dieselbe Strophenform wie Luther in *Nun freut euch, lieben Christen gmein*, die siebenzeilige ‚Lutherstrophe'.[5] Gekennzeichnet ist sie durch die vierhebigen Jamben im Wechsel von 8 und 7 Silben, das Reimschema ababccw und den dreiteiligen Strophenbau: Den beiden ‚Stollen' folgt der dreizeilige ‚Abgesang'. Die un-

---

[4] So Meding 1994, 189f, mit Verweis auf Beobachtungen bereits bei Karl Budde, Paul Speratus als Liederdichter, in: Zeitschrift für Praktische Theologie 14 (1892), 13; vgl. auch die gute Zusammenstellung bei Degen 2010, 147f.

[5] Dieselbe Strophenform haben auch die drei im Achtliederbuch enthaltenen Psalmlieder Luthers, *Ach Gott, vom Himmel sieh darein* (EG 273), *Es spricht der Unweisen Mund wohl* und *Aus tiefer Not schrei ich zu dir* (EG 299). Bei allen dreien ist in dem Druck auch dieselbe Melodie wie bei *Es ist das Heil uns kommen her* angegeben.

gereimten Schlusszeilen jeder Strophe („Waisen') sind hier zwischen den Strophen paarweise gereimt.[6] Dadurch sind folgende Strophen verbunden: AC, BD, EF, GH, JK, LM, NO (EG: 3. und 4., 5. und 6., 8. und 9.).

Die Gliederung des umfangreichen und theologisch komplexen Liedtextes gilt als schwierig. Die Gedankenfolge ist aber, ähnlich wie im ‚Schwesterlied' EG 341, an der Heilsgeschichte orientiert. Der Bogen reicht von der unerlösten Existenz unter dem Gesetz über dessen Erfüllung durch die Sendung des Sohnes, deren Aneignung im Glauben und den Auswirkungen auf das faktische Leben (Werke) bis zur eschatologischen Erfüllung der Heilszusagen, s. dazu unten die Tabelle. Die Strophen A (1.) und NO (8./9.) bilden einen Rahmen, der durch die Wiederaufnahme der programmatischen Begriffe *Gnad* und *Güte* (Str. 1,2) in Str. 8 durch die Begriffe *Guttat* (8,2) und *Gnade* (8,4) markiert wird. Die Strophe J (nicht im EG), die mit „Kreuz" und „Evangeli[um]" zwei weitere Theologumena einführt, erscheint im heilsgeschichtlichen Gesamtduktus etwas verspätet. Sie führt das Gesetzes-Thema (vgl. Str. BCDE) unter dem Vorzeichen des Kreuzes weiter, also der zwischenzeitlich eingeführten heilsgeschichtlichen Wende.

Luther erzählt mit seinem Rechtfertigungslied EG 341 eine Geschichte, eine packende Ballade in Ich-Form, sprachlich aus einem Guss. Das Lied von Speratus wirkt demgegenüber spröder, abstrakter, thesenhafter, weniger einheitlich und weniger elegant; als ‚gereimte Predigt' wird es von wohlwollenderen, als ‚gereimte Dogmatik' von kritischeren Geistern beschrieben. Statt des Ich taucht hier ein – weniger prominentes – Wir auf, mit dem die Heilsgeschichte auf die Menschheit bzw. die Gemeinde appliziert wird (Str. 1,1.6; 2,7; 3,7; 8,5; 9,3–7). Häufig sind unpersönliche und passivische Formulierungen (Str. 2,2: *da man es nicht konnt halten*; Str. D,3: *Wiewohl es oft versuchet ward*; Str. 3,1: *Doch musst das G'setz erfüllet sein*; Str J,1: *Es wird die Sünd durchs G'setz erkannt*). Abstrakta entwickeln ein Eigenleben und werden teils geradezu zu handelnden Personen wie in einem Mysterienspiel: das *Heil*, die *Werk*, der *Glaub*, das *G'setz*, das *Fleisch*, der *Geist*, die *Sünd*, das *Wort*, die *Lieb*, das *G'wissen*, das *Evangeli*, die *Hoffnung*. Teilweise lassen sich diese Begriffe metonymisch für Menschen verstehen (*der Glaub* (Str. 1,5) für ‚der gläubige Mensch', *die Hoffnung* (Str. L,1) für ‚der hoffende Mensch' usw.), sie verselbständigen sich aber auch (etwa *die Werk* in Str. 1,3; 7,6 usw.) oder agieren, wie das *G'setz* und das *Evangeli* in Str. J, als freie Kräfte der Heilsgeschichte.

Einige Textteile hebt Speratus bewusst aus dem unpersönlichen Sprachstil heraus. Zunächst und vor allem: *des Glaubens recht Gestalte*, als formales und inhaltliches Herzstück des Textes, wird an zentraler Stelle in wörtlicher Rede zitiert; das Ich des ‚frommen Christen' wendet sich hier vertrauensvoll ans Du des *Herre mein* (Str. 4,5–4,7). In Str. M (nicht im EG) taucht zudem unvermittelt eine Du-Anrede an den gläubigen, durch den Verzug der Vollendung angefochtenen Christen auf. Mit der Doxologie und der Vaterunser-Paraphrase in den letzten beiden Strophen lässt der Text seinen lehrhaften Charakter hinter sich.

---

[6] Nach Fornaçon, Art. Speratus, in: MGG 12, Kassel 1965, 1029–1031, hier: 1031, ist dies ein Merkmal der Meistersingerdichtung.

Sprachform und Gedankenfolge sprechen für diesen Gliederungsvorschlag:

	Strophen Achtliederbuch	Strophen EG	
I	A	1	Kurzfassung der im Lied entfalteten Frohbotschaft „von Gnad und lauter Güte"
II	B(CD)	2	Heilsgeschichte 1: Der Mensch unter dem Gesetz
III	E	3	Heilsgeschichte 2: Die Sendung des Sohnes als göttliche Intervention zur Erfüllung des Gesetzes
IV	FG	4/5	Heilsgeschichte 3: Aneignung der Erfüllung durch das Ich – Bekenntnis und Inhalt des rechten Glaubens
V	H(J)K	6/7	Heilsgeschichte 4: Rechtfertigung und Leben im Glauben (Verhältnisbestimmung Glaube – Werke) (nicht im EG): Weiterführung der Gesetzesthematik – Stärkung durch das Evangelium
VI	(LM)	–	Heilsgeschichte 5: Eschatologischer Ausblick und tröstende Vergewisserung
VII	NO	8/9	Doxologie und Gebet (Vaterunser): Lobpreis für „Guttat", Bitte um „Gnad"

Wird die Überschrift „Ein lied von dem gesetz vnd glauben" als Gliederungsprinzip angewandt, lassen sich Str. 2 und 3 bzw. BCDE unter dem Stichwort ‚Gesetz' zusammenfassen (in diesem Teil fünfmal genannt), Str. 4–7 bzw. FGH(J)KLM dagegen unter dem Stichwort ‚Glauben' (neunmal *Glaube*, einmal *vertrauen*, einmal *g'wisser*).

Abschnitt I: Als Kernaussage wird die frohe Botschaft vorangestellt: *Es ist das Heil uns kommen her*. Sowohl der Name *Jesus Christus* als auch der Programmbegriff *Heil* werden nur hier genannt; letztlich ist aber das ganze Lied Entfaltung der hier getroffenen Aussagen. Der letzte Grund der göttlichen Heilstat wird als *Gnad und lauter Güte* angegeben. Sie ist keine Frucht menschlichen Handelns; vielmehr hat bereits Jesus Christus, der *Mittler* (Hebr 9,15), *für uns genug getan*. Dem Menschen wird das Heil durch den Glauben an ihn, genauer: durch den gläubigen Blick auf ihn (vgl. Hebr 12,2a) und sein Werk zuteil. Die später explizierte Verhältnisbestimmung von Glaube und Werken (Str. HJK bzw. 6/7) wird hier vorab (anti-)thetisch zusammengefasst (vgl. Röm 3,20; Eph 2,7–9).

Abschnitt II: Beim Durchgang durch die Heilsgeschichte kommt als erstes die Erlösungsbedürftigkeit des Menschen unter dem Gesetz zur Sprache (analog EG 341,2–3; dort ohne Nennung des Gesetzes). Der Text der beiden ausgelassenen Strophen C und D lautet in modernisierter Rechtschreibung:

C Es war ein falscher Wahn dabei,
Gott hätt sein G'setz drum geben,
als ob wir möchten selber frei
nach seinem Willen leben.
So ist es nur ein Spiegel zart,
der uns zeigt an die sündig Art
in unserm Fleisch verborgen.

D Nicht möglich war, dieselbig Art
aus eignen Kräften lassen:
Wiewohl es oft versuchet ward,
noch mehrt sich Sünd ohn Maßen;
wann Gleisners Werk er hoch verdammt
und je dem Fleisch der Sünde Schand
ward allzeit angeboren.

Die Erlösungsbedürftigkeit des Menschen erweist sich in seiner Unfähigkeit, das von Gott gebotene Gesetz einzuhalten: Die Sünde (*sündig Art*) haftet ihm von Geburt an (vgl. Str. C,6; D,7; Ps 51,7; EG 341,2,3 f); das *Fleisch* (Str. 2,5; C,7; D,6) ist seiner Natur nach unfähig, sich dem Gesetz zu unterwerfen (vgl. Röm 8,7b). Dem Gesetz kommt also die Funktion zu, dem Menschen sein Unvermögen gleich einem *Spiegel* vor Augen zu stellen (siehe Luthers Lehre vom ‚usus elenchticus legis') und zu erweisen, dass er *verloren* ist (Str. 2,7; vgl. EG 341,2,2). Ein Trugschluss (*falscher Wahn*) wäre es, das Gesetz als Weg zu betrachten, auf dem der Mensch *aus eignen Kräften* zum Heil gelangen könnte; wer das behauptet, ist ein Blender. Seine *Gleisners Werk* werden verdammt, die Sünde wird größer (*noch mehrt sich Sünd ohn Maßen*; vgl. Röm 5,20a). Zugleich – so auch Luthers Erfahrung – führt aber die Nichteinhaltung des Gesetzes, das eine berechtigte Forderung darstellt, zu Gottes *Zorn* (Str. 2,3; vgl. Röm 4,15; Eph 2,3).

Abschnitt III: Gott schafft Abhilfe. Obwohl die Notwendigkeit besteht (Str. 3,1; vgl. Mt 5,18), wird ja die Forderung des Gesetzes nicht erfüllt. Also entschließt sich Gott zur Sendung des Sohnes, die den Wendepunkt in der Heilsgeschichte markiert – wieder analog zu EG 341. Allerdings schildert Luther den Vorgang wesentlich differenzierter (EG 341,4–9) als Speratus. Der setzt einen anderen Akzent und verfährt an dieser Stelle knapp und summarisch: Das Werk Jesu besteht demnach in seiner Menschwerdung und in der ‚Erfüllung des Gesetzes' (vgl. Röm 8,3 f), also in der Erfüllung aller Gebote – und, so Gal 4,4 f, im ‚Loskauf' derer, die unter dem Gesetz sind; damit ist der Tod Jesu gemeint (vgl. Str. 4,7: *bezahlet*; Str. 5,6: *der Himmel erkauft*). Effekt der Gesetzeserfüllung durch den Sohn ist die Stillung des Gotteszornes, *der über uns ging alle* (vgl. Röm 1,18).

Abschnitt IV: Der entscheidende Punkt für das *Heil* des ‚frommen Christen' ist nicht der Sühnetod Jesu selbst. Es ist vielmehr die persönliche Bezugnahme darauf durch den Menschen, die Aneignung des Heilswerks, die Erkenntnis des ‚pro me' (Str. 4,7; vgl. 1,6) – also der Glaube. Ihm widmet Speratus die stärksten Strophen seines Liedes. Das in Str. 4,5–7 eingebundene Zitat des persönlichen Glaubensbekenntnisses hat eine doppelte Funktion – zum einen belehrend (*so lerne* …), werbend (*Nicht mehr denn* …), erklärend: wie lautet denn *des Glaubens recht Gestalte*? Zum anderen führt der Text die Rezipienten direkt in den Vollzug des Bekenntnisses, in die Aneignung des Glaubens hinein. Mit sprachlichen Mitteln (Ich-Form; Ausdruck der Gewissheit durch Indikativ und Formulierungen wie *keinen Zweifel*; Anrede *Lieber Herre mein*) erzielt Speratus gerade an diesem entscheidenden Punkt ein Höchstmaß an innerer Beteiligung.

Nochmals kunstvoll in die Bekenntnisrede eingebettet ist eine an Mk 16,16 und Joh 3,16 angelehnte Jesusrede. An dieser Position im Text erhält sie den Rang der zentralen Botschaft: *Wer an mich glaubt und wird getauft, demselben ist der Himmel erkauft, dass er nicht werd verloren* (Str. 5,5–7).

Abschnitt V: Der Text kehrt zurück zur thetischen, unpersönlichen Sprechweise. Diesen Bruch genau in der Mitte des Liedes setzt Speratus ein, um die Aufmerksamkeit auf die nun folgenden Zentralaussagen zur Rechtfertigungslehre zu lenken. Dazu wird das Adjektiv *gerecht* (Str. 6,1; 7,5) neu eingeführt und das reformatorische ‚sola fide' paraphrasiert: *Es ist gerecht vor Gott allein, wer diesen Glauben fasset* (Str. 6,1 f). Damit knüpft Speratus an das Dargelegte an und hebt es auf eine Reflexionsebene; das ‚Fassen' des Glaubens entspricht der oben vollzogenen Aneignung.

Mit der ausführlichen Verhältnisbestimmung von Glaube und Werken (Str. 6,3–7 und Str. 7) greift Speratus die Aussagen aus Str. 1 auf. In immer neuen Anläufen, bei denen *Glaube* und *Werke* abwechselnd in dichter Folge genannt werden, werden beide Seiten ausführlich gewürdigt. Dabei differenziert Speratus die eingangs aufgestellte Antithese von Glaube und Werken deutlich aus: aus dem Gegen- wird ein Miteinander, in dem nur dem Glauben die Priorität und die alleinige Kraft der Rechtfertigung zukommt. Zugleich wird dem Missverständnis gewehrt, gute Werke wären unerheblich; vielmehr kommen sie unmittelbar aus dem *rechten Glauben*. Die auf den *Nächsten* gerichtete *Lieb* (Str. 6,7), in der die guten Werke wurzeln, ist die Frucht des auf Gott gerichteten Glaubens, des Aus-Gott-geboren-Seins (vgl. 1Joh 3,9f) durch die Taufe. Wenn Speratus die Werke als *des Nächsten Knecht* (Str. 7,6) bezeichnet, klingt darin auch die berühmte Formulierung aus Luthers Freiheitsschrift durch: „Ein Christenmensch ist ein dienstbarer Knecht aller Dinge und jedermann untertan."[7] Der ‚fromme Christ' hat damit in seiner ‚persönlichen Heilsgeschichte' ein Stadium erreicht, in dem er nach aller Anfechtung ein durch den Glauben nicht nur gerechtfertigtes, sondern auch geheiligtes, von der *Lieb* zum Nächsten bestimmtes Leben führen kann.

Eine weitere im EG weggelassene Strophe, die im Original zwischen den Strophen 6 und 7 steht, blickt nochmals auf die Phase zurück, die er dabei hinter sich gelassen hat: die in Abschnitt II geschilderte Zeit ‚unter dem Gesetz' (vgl. Röm 7). Zugleich wird gezeigt, wie diese Phase mit Hilfe des Evangeliums überwunden wird:

> *J Es wird die Sünd durchs G'setz erkannt*
> *und schlägt das G'wissen nieder;*
> *das Evangeli kommt zuhand*
> *und stärkt den Sünder wieder*
> *und spricht: „Nur kreuch zum Kreuz herzu,*
> *im G'setz ist weder Rast noch Ruh*
> *mit allen seinen Werken."*

Gesetz und Evangelium haben auf den Sünder eine entgegengesetzte Wirkung: niederschmetternd das Gesetz, bestärkend und aufrichtend das Evangelium. Letztlich tragen beide auf ihre Weise dazu bei, den Sünder auf das rettende Kreuz zuzutreiben.

Abschnitt VI: Die beiden Strophen, die einen Ausblick auf den letzten Abschnitt der Heilsgeschichte richten, wurden im EG ebenfalls weggelassen. Nicht benannt werden hier die zu erwartenden letzten Dinge selbst; es geht vielmehr um den Umstand, dass das, *was Gottes Wort zusage*, offenbar noch nicht voll verwirklicht ist. In tröstender Absicht wird gezeigt, was dem Glaubenden bei der Bewältigung dieses ungewissen Zwischenzustandes helfen kann:

---

[7] Martin Luther, Von der Freiheit eines Christenmenschen, WA 7, 21.

L Die Hoffnung wart' der rechten Zeit, *was Gottes Wort zusage;* *wann das geschehen soll zur Freud,* *setzt Gott kein gwisse Tage.* *Er weiß wohl, wann's am besten ist,* *und braucht an uns kein arge List;* *des solln wir ihm vertrauen.*	*M Ob sich's anließ, als wollt er nicht,* *lass dich es nicht erschrecken;* *denn wo er ist am besten mit,* *da will er's nicht entdecken.* *Sein Wort, das lass dir g'wisser sein;* *und ob dein Fleisch spräch lauter Nein,* *so lass doch dir nicht grauen.*

Aus menschlicher Sicht bleibt der Zeitpunkt der Vollendung ungewiss. Zugleich wird aber an das Vertrauen appelliert, dass der Gott, der aus *Gnad und lauter Güte* das *Heil* geschickt hat, auch bei der Vollendung rechtzeitig und in guter Absicht handelt. Der Augenschein mag dagegen sprechen; aber gerade das, so argumentiert Speratus in einer Art paradoxer Deus-absconditus-Theologie, kann auf Gottes Nähe schließen lassen: Gerade jetzt ist er *am besten* da, ist er gegenwärtig (*mit*, Str. M,3), nur zeigt er es nicht. Letztlich ist es immer die Zusage, immer das *Wort*, auf das Verlass bleibt; und wenn in einer misslichen Lage daran ein Zweifel aufkommt, geht solches *Nein* auf das schwache *Fleisch* zurück (vgl. Str. 2,5; 3,7; 4,6). In diesem Abschnitt scheint tatsächlich etwas von dem Bekennermut durch, den Speratus in der kurz zuvor erlittenen Haft bewiesen hat.

Abschnitt VII: Am Ende des Liedes steht keine Erklärung und auch keine Ermutigung mehr: Die beiden Schlussstrophen wenden sich mit ihrer Doxologie und Vaterunser-Paraphrase direkt an Gott. Die inhaltliche Kohärenz bleibt deutlich: Lobpreis und Bitten beziehen sich auf das zuvor geschilderte Heilswerk. Durch Rückbezug auf die 1. Strophe entsteht eine inclusio: der trinitarische Lobpreis gilt der empfangenen *Guttat* (Str. 8,2; vgl. Str. 1,2); das Verlangen nach der *Gnad* (Str. 8,4; vgl. Str. 1,2) ist sich bewusst, dass das Werk Gottes nur von ihm selbst *ang'fangen* und erfüllt werden kann (Str. 8,4f).

Speratus hat mit seinem Lied eine originelle und markante Dichtung zur lutherischen Rechtfertigungslehre geschaffen. Auch wenn der Text von Luthers Rechtfertigungslied schwungvoller und homogener wirkt, fügt Speratus der Tradition einen unersetzlichen Beitrag hinzu. Besonders der lebendig gestaltete Akt der gläubigen Aneignung des Heils und die klärende Diskussion von Glaube und Werken schärfen das Verständnis der Rechtfertigung. Im Gottesdienst, etwa am Reformationstag oder als Wochenlied an Septuagesimä, hat das Lied auch heute noch seinen Platz; für eine Liedpredigt bietet es einen reichen theologischen Gehalt, der kaum auszuschöpfen ist.

Lukas Lorbeer

Es ist eine fröhlich gestimmte Melodie, was vor allem die auftaktigen Zeilenanfänge bewirken, die typisch sind für viele mitteldeutsch-reformatorische Kirchenlieder und die das jambische Versmaß so passend musikalisch umsetzen. Gleichzeitig verschleiert die Weise ihre Tonalität und ihr tonales Zentrum zunächst, darauf deuten schon optisch die beiden Akzidentien in den ersten beiden Zeilen hin. Während das *c*, die kleine Septime über dem Grundton, eindeutig das alte kirchentonale Mixolydisch markiert, ist das *gis* als Leitton zur Quinte eine eigentlich unpassende Zutat aus späterer Zeit, die sich gleichwohl im Gemeindegesang schon seit dem 18. Jahrhundert so eingeschliffen hat, dass bisher keine Gesangbuchrevision es gewagt hat, die ursprüngliche Gestalt wieder herzustellen. Nur in den zahlreichen Chorsätzen vergangener Jahrhunderte, z. B. von Michael Praetorius oder Hans Leo Hassler, kann man auch heute noch die Urform hören, oder besser gesagt, die Form, auf die Paul Speratus seinen Text einst gedichtet hat. Rein quantitativ erklingt der Grundton *d* im Verlauf einer Strophe nur siebenmal, die Quinte dagegen 22mal, sodass dem *a* stellenweise fast die Qualität eines Rezitationstons zukommt.

Die syllabische Deklamation wird jeweils nur am Ende des Stollens und des Abgesangs durchbrochen, wodurch die betreffenden Silben, die auf diese Ligaturen gesungen werden, besonderes Gewicht haben. Weitere Schwerpunkte sind zweifellos jene Silben, die auf den Spitzenton der Melodie, die Oktave über dem Grundton, zu singen sind, noch dazu, wenn sie wie am Beginn der fünften und sechsten Zeile nach einem Quartsprung erreicht werden.

Historisch gleicht die Melodiegeschichte in gewisser Weise dem Lebenslauf des Schöpfers des Textes: Sie war tief verwurzelt in der katholischen Glaubenspraxis, und sie ist weit herumgekommen, lange vor ihrem Erscheinen im Umfeld der Wittenberger Reformation. Aus der Tonfolge des abschließenden „Alleluja" der österlichen Antiphon „Regina coeli (caeli) laetare" entwickelt, wurde sie ursprünglich als deutsches Strophenlied *Disse oisterliche dage* zwischen den einzelnen lateinischen Versen dieser Antiphon gesungen. In dieser Verwendung muss der Gesang bereits lange vor der Reformation im deutschsprachigen Raum eine beträchtliche Verbreitung erfahren haben. Mit einigen charakteristischen Veränderungen gegenüber der katholischen Vorlage erhielt die Melodie wahrscheinlich in enger zeitlicher Nachbarschaft zu der Textdichtung 1523 in Wittenberg die Form, in der sie in demselben Jahr erstmals in einem heute verschollenen Liedblatt gedruckt wurde. In der Verbindung mit *Es ist das Heil uns kommen her* war die Weise unmittelbar nacheinander in allen frühen Gesangbuchdrucken der jungen lutherischen Kirche enthalten, in den vier Ausgaben des sogenannten „Achtliederblatts", den „Erfurter Enchiridien" und auch in Johann Walters „Geistlichem Gesangbüchlein".

Von da aus trat die Melodie ihren Siegeszug durch die Gesangbücher des 16. Jahrhunderts an, der, wenngleich deutlich vermindert, bis heute anhält. Es ist wahrscheinlich nicht übertrieben, die Melodie zu *Es ist das Heil uns kommen her* als die am häufigsten gedruckte und am weitesten verbreitete Melodie der Gesangbuchgeschichte zu bezeichnen. Dabei verdankt sie einen Großteil ihrer Wirkungsmacht nicht der originären Melodie-Text-Verbindung, sondern vielmehr der unmittelbar einsetzenden und bis heute andauernden Verbindung mit sehr vielen anderen – auch gewichtigen – Texten. Das ist durchaus als Wertschätzung ihrer Qualität zu interpretieren. Vermutlich hat Martin Luther seine drei Psalmlieder *Ach Gott vom Himmel sieh darein*, *Es spricht der Unweisen Mund wohl* und *Aus tiefer Not schrei' ich zu dir* auf diese Melodie gedichtet, auch wenn diese frühzeitig andere Melodien erhielten.[8] Die Beliebtheit der Melodie in der Kirchenliedgeschichte des deutschsprachigen Raums war von Anfang an transkonfessionell; auch in vielen katholischen Gesangbüchern ist sie zu finden, ebenso in den Kirchenlieddrucken der Böhmischen Brüdergemeinden und der reformierten Kirche. Während

---

[8] Vgl. hierzu Konrad Ameln, Eine neue Ausgabe der geistlichen Lieder und Kirchengesänge Luthers, JLH 30 (1986), 115, sowie Markus Jenny in: WA.A Nr. 8A, 9A und 11A.

jedoch die Reformierten die Weise bis heute auf Paul Speratus' Text singen, war sie in der katholischen Kirche von Anfang an mit österlichen Inhalten verknüpft, meist mit Textfassungen von *Freu dich, du werte Christenheit*; sie blieb also in gewisser Weise in der Tradition der vorreformatorischen Funktion. Auch melodisch scheinen sich die katholischen Gesangbuchredakteure früherer Jahrhunderte vom Luthertum abgrenzen zu wollen; die Lesarten zeigen fast durchweg Abweichungen von den lutherischen Fassungen.

Ihre ursprüngliche Verbindung zum österlichen Ritus hat die Melodie im Verlauf ihrer Rezeptionsgeschichte bis heute und konfessionsübergreifend nie aufgegeben. Im EG ist sie mit dem Text *O Tod, wo ist dein Stachel nun* (EG 113) verbunden, und im katholischen Gotteslob 2013 findet sie zu den Texten *Nun freue dich, du Christenheit* (in 19 von 24 Regionalteilen) und *O Licht der wunderbaren Nacht* (GL2 334) Verwendung.

HELMUT LAUTERWASSER

356 Es ist in keinem andern Heil

EG 356   RG 272   EM 121   CG 579

Text

Verfasser Otto Brodde (Str. 1 nach Lüneburg 1767/1789) **Entstehung** vgl. Kommentar **Vorlage** (a, Str. 1 = Str. 9 des Liedes *Wir Menschen sind in Adam schon*) *Neues Geist=reiches Gesang=Buch* (Johann Anastasius Freylinghausen), Halle 1714[1] * (b, Str. 1) *Vermehrtes Lüneburgisches Kirchen=Gesang=Buch*, Lüneburg 1767[2] **Quelle** *Heinrich Schütz. Kleiner Liedpsalter für vier gemischte Stimmen. Eine Auswahl aus dem ‚Becker-Psalter' mit revidierten Texten von Otto Brodde*, Kassel 1976 **Überschrift** (Vorlage a) 56. *WJr menschen sind in Adam schon. Jn vorhergehender Melodey* * (Vorlage b) *Mel. Es ist das heil uns kommen.* * (Quelle) *Zur gleichen Komposition [= Psalm 33] kann auch gesungen werden:* [hier folgen die beiden Strophen von EG 356; unter dem Text:] *Hamburg 1971 nach Lüneburg 1789* **Ausgabe** (Vorlage a: FreylEd II/1, Nr. 56) **Strophenbau** A8/4a A7/3b-, A8/4a A7/3b-, A8/4c A8/4c A8/7x-

vgl. Frank 7.7 „Lutherstrophe" **Abweichungen** (Vorlage a) s. Kommentar * (Vorlage b) 1,2 *Ist auch kein nam' gegeben*; 1,3 *Darin wir könnten nehmen* teil; 1,4 *An seligkeit und* Leben; 1,5 *Nur JEsus ist allein der held*; 1,6 *Der uns das leben hergestellt*; 1,7 *Gelobet sey sein Name*; nach 1: 2. *Denn JEsus ists, der unsere schuld*; 3. *So heißt er JEsus denn nicht nur*; 4. *O name! werde doch in mir*, 5. *Laß, JEsu! deines namens kraft*; ohne EG Str. 2 * (c) Str. 1+2 wie EG **Verbindung TM** (Vorlage a) ohne N aber Verweis in der Überschrift auf die vorausgehenden Melodien: *Nun freut euch lieben Christen* [gmein] (vgl. EG 341) oder *Mein Herzens-Jesu, meine* [Lust] (Z III 4680; im EG 329 zu *Bis hierher hat mich Gott gebracht*) * (Vorlage b) ohne N aber mit Melodieangabe s. Kommentar * (Quelle) wie EG * weitere: Alternativmelodie im EG: *Es ist das Heil uns kommen her* (EG 342), verwendet in RG 272

Melodie

Incipit 1__ 5__5_5__3_ 4_5_6__ **Verfasser** Heinrich Schütz **Quellen** *Psalmen Davids [...] durch D. Cornelium Beckern [...] in 4. Stimmen gestellt* (Heinrich Schütz), Freiberg/Meissen 1628[3] **Ausgaben** Z III 4583; Werner Breig (Hg), *Heinrich Schütz. Neue Ausgabe Sämtlicher Werke.* Bd. 40, Kassel 1988; Textquelle c **Besonderes** SWV 130 **Ambitus** G: 8; Z: 64(64)568 **Abweichungen** mit 4st. Satz,

kleine Terz höher, Mensurzeichen ℂ; Zeilentrennstriche; Z. 4 N 7 punktiert (gilt nur beim Übergang in Z. 5); Z. 5 N 1 Viertel; Z. 6 N 8 und Z. 7 N 1 je Viertel * RG: abweichende M (s. o. Verbindung TM) * EM: mit 4st. Satz (Schütz 1628) * CG: Ton tiefer **Verbindung MT Q:** *Freut euch des Herrn, ihr Christen all* (Cornelius Becker, Psalm 33)

---

[1] Nr. 56.
[2] Digitalisat UB Marburg: https://t1p.de/4me6 (Nr. 292, S. 176; 4.2.2022). Brodde hat die spätere Ausgabe 1789 benutzt – vgl. Kommentar.
[3] Digitalisat Bayerische Staatsbibliothek München: https://t1p.de/9j8p4 (S. 150; 4.2.2022)

Literatur

HEG II, 55.99 f.283–286 ** ThustB, 312/ Nf, 290; ThustL II, 171–173 ** Schöllkopf, Wolfgang: Hiller, Halle und Herrnhut – der Pietismus und das neue Lied, in: Martin Brecht (Hg.), Gott ist mein Lobgesang. Philipp Friedrich Hiller (1699–1769), der Liederdichter des württembergischen Pietismus. Metzingen **1999**, 63–77 (bes. 65) * Zerfass, Alexander: Es ist in keinem andern Heil. Eine gesungene Theologie des Namens Jesu, MS 133 (**2013**) 97 f

Das kleine Lied hat einen verzweigten Werdegang hinter sich. Die erste Strophe lässt sich zurückverfolgen auf das ursprünglich elfstrophige Lied *Wir Menschen sind in Adam schon gefallen und verdorben* von Johann Anastasius Freylinghausen. Er hat es unter Nr. 56 in der Rubrik „Von JEsu / dessen Namen und Aemtern" in den 1714 in Halle herausgekommenen 2. Teil seines „Geist-reichen Gesangbuches" aufgenommen.[4] In seinem Lied entfaltet Freylinghausen im Kräftefeld der Adam-Christus-Typologie (Röm 5,12–21) eine biblisch reichhaltige Theologie des Namens Jesu,[5] der schon im Neuen Testament gemäß jüdischem Denken als Synonym für heilvolle, göttliche Präsenz steht (vgl. 1. Kor 6,11; Phil 2,9–10 u.ö.). Freylinghausen benennt in zwei Strophen das seit Adam herrschende Unheil, die Heilstaten Jesu in sechs Strophen, um in Strophe neun Resümee zu ziehen:

> *Drum ist in keinem andern heil,*
> *Ist auch kein nam gegeben,*
> *Daran wir könten nehmen theil*
> *Zur seligkeit und leben;*
> *Nur JEsus ist derselbe mann,*
> *Der uns das leben schenken kann;*
> *Gelobet sey sein name!*

Dieser neunten Strophe folgen noch zwei Strophen im Modus des Gebets, Strophe zehn beginnt mit der Anrufung *O Name / werde doch in mir durch GOttes Geist verkläret!*

Auf fünf Strophen gekürzt und ohne die Energie des Gegensatzes der Adam-Christus-Typologie taucht das Lied 1767 im Vermehrten Lüneburgischen Kirchengesangbuch auf,[6] dabei ist die neunte Strophe zur Kopfstrophe geworden, ihr folgen die Strophen 6, 7, 10 und 11 des ursprünglichen Liedes. Im Evangelischen Gesangbuch bleibt davon zunächst nur noch die Kopfstrophe übrig. Ihr exklusives Christusbekenntnis schließt fast wörtlich an die Rede des Petrus vor dem Hohen Rat an. Petrus gibt Rechenschaft, dass die Krankenheilung durch ihn im Jerusalemer Tempelbereich (Apg 3,1–8) im Namen, d.h. mit der Kraft Jesu Christi geschehen ist. Seine Rede mündet in den „negativen Pa-

---

[4] Johann Anastasius Freylinghausen, Neues Geist=reiches Gesang=Buch (Halle 1714). Edition und Kommentar, Bd. II/1, hg. von Diane Marie McMullen und Wolfgang Miersemann, Tübingen 2009, 83–84.

[5] Vgl. Zerfaß 2013, 97–98.

[6] Die späteren Auflagen von 1769 und 1789 enthalten das Lied unter derselben Nummer unverändert, ebenso das Neue[s] Vollständige[s] Zwickauische[s] Gesangbuch von 1778 (Nr. 681, S. 422) und Albert Knapp, Evangelischer Liederschatz für Kirche und Haus. Erster Band, Stuttgart/Tübingen 1837, Nr. 277.

rallelismus"⁷ des universal-exklusiven Bekenntnissatzes: *In keinem andern ist das Heil, auch ist kein andrer Name unter dem Himmel den Menschen gegeben [...] (Apg 4,12).* Dessen zweiter Teil entspricht der jüdischen Gepflogenheit, Gott selbst als Akteur und „Namensgeber" zu lesen und zu hören. Wohl hat Otto Brodde die Strophe bearbeitet und die Bezeichnung *Retter* eingetragen, die dem Inhalt nach anknüpft an die dritte Strophe der Lüneburger Fassung: *So heißt er denn nicht JEsus nur / Er ist auch, was er heißet / ... Die that stimmt mit dem namen ein: / Er will auch, wie er heisset, seyn / Meyn heil und seligmacher.* Der Resümee-Charakter, den die Strophe in Freylinghausens elfstrophigem Lied ursprünglich hatte, ist aber nicht mehr erkennbar. Im interreligiösen Setting von heute mischt sich die Exklusivität eines solchen Bekenntnisses mit dialogischen Haltungen. Dann „wird der glaubende Mensch, wenn es um die eigene Gewissheit geht, exklusiv urteilen, im Hinblick auf die Möglichkeit des Heils für Menschen anderer Religionen inklusiv denken und sich im Hinblick auf das Zusammenleben in der Weltgesellschaft plural orientieren."⁸

Die zweite Strophe der EG-Fassung hat mit Strophen des ursprünglichen Liedes im Sinne einer Bearbeitung nichts zu tun. Für ihre Herkunft, im EG mit „Otto Brodde 1971" angegeben, kommt Broddes Auswahlausgabe aus dem ‚Becker-Psalter' mit eigens revidierten Texten in Frage, die 1976 erschienen ist.⁹ Dort finden sich nach den fünf Strophen des 33. Psalms von Cornelius Becker auf derselben Seite beide Strophen des EG-Liedes mit der Überschrift „Zur gleichen Komposition kann auch gesungen werden", darunter nun der Hinweis „Hamburg 1971 nach Lüneburg 1789". Bei „Lüneburg 1789" kann es sich jedoch nur um die Herkunftsangabe der ersten Strophe handeln, während „Hamburg 1971" der zweiten Strophe gelten muss. Allerdings enthält das von Brodde 1971 in Hamburg mitherausgegebene Liederbuch „Christenlieder heute" das Lied nicht, auch nicht die zweite Strophe in irgendeinem anderen Zusammenhang. Eine weitere Liedveröffentlichung Broddes aus dem Jahr 1971 lässt sich nicht ausmachen,¹⁰ sodass anzunehmen ist, dass Brodde diese Strophe 1971 geschrieben und 1976 veröffentlicht hat. Für die zweite Strophe muss demnach gelten: Otto Brodde (1971) 1976.

Die Bitte *halt uns in deinem Frieden* um der Ehre des Namens Jesu willen spielt sinngemäß an auf das Erlösungsthema des ursprünglichen Liedes Freylinghausens, soweit es im Lüneburger Gesangbuch 1789 präsent war. Mit *Gnad* und *Herrlichkeit* nimmt Brodde zwar Freylinghausensches Vokabular auf, spitzt es zu mit der paulinischen Trias Glaube – Liebe – Hoffnung aus 1. Kor 13, gleichwohl ist die Strophe ein „relativ austauschbares Christus-Gebet".¹¹ Allerdings bemerkt Brodde im Nachwort des „Kleinen Liedpsalters" mit Verweis auf R. A. Schröders „Die Kirche und ihr Lied" von 1937, die Arbeit an den Alternativtexten sei geschehen nach den Techniken der Dichtung jener Zeit, die vom Dichter weniger persönliche Originalität erwarte, als vielmehr „die Aus-

---

⁷ Jacob Jervell, Die Apostelgeschichte, Göttingen 1998, 179.

⁸ Mit andern feiern – gemeinsam Gottes Nähe suchen. Eine Orientierungshilfe der Liturgischen Konferenz für christliche Gemeinden zur Gestaltung von religiösen Feiern mit Menschen, die keiner christlichen Kirche angehören, Gütersloh 2006, 40.

⁹ S. o. Text/ Quelle c, 8.

¹⁰ Vgl. Herwarth von Schade, Otto Brodde. Weg und Werk, Hamburg 1985, 87–89.

¹¹ Zerfaß 2013, 98.

richtung auf das Gemeindemögliche" in „kanonischer Themensetzung", in Wiederaufnahme und Variation „bestimmter Themen und Wendungen."[12]

Die Strophe ist auch gesprochen denkbar als Kollektengebet nach dem Gloria der Messe,[13] beide Strophen zusammen gesungen auch als Credolied.

Im Erstdruck Halle 1714 werden für Freylinghausens Lied in der Überschrift zwei Melodien in Form eines Textincipits genannt: *Nun freut euch lieben Christen gmein* (EG 342) und die Melodie *Mein Herzens-Jesu, meine Lust*, die sich als barock ausgezierte Version von *Bis hierher hat mich Gott gebracht* (EG 329) entpuppt.[14] Im Lüneburger Gesangbuch 1767 und den darauf fußenden wird die Melodie *Es ist das Heil uns kommen her* genannt, die auch im EG als Alternative steht. Die reformatorischen Ur-Lieder von Luther und Speratus standen im Achtliederbuch von 1524 unmittelbar hintereinander und wurden, beide im Versmaß der „Lutherstrophe" stehend, von Anfang an auch mit der jeweils anderen Melodie gesungen.

Die Zuweisung der Melodie *Freut euch des Herrn, ihr Christen all* von Heinrich Schütz aus dem Beckerpsalter von 1628 zu Ps 33 dürfte erst in Broddes Ausgabe des „Kleinen Liedpsalters" 1976 erfolgt sein. Sie ist wie viele andere Melodien dieser Sammlung dem zeitgenössischen Liedtypus verpflichtet, der später als „Kantionallied" bezeichnet wird. Dies zeigt sich besonders beim lebendigen Wechsel des Metrums zwischen zwei punktierten Halben und drei Halben zeigt.[15]

Die ursprünglich bei Freylinghausen zusätzlich genannten Melodiealternativen, im EG *Bis hierher hat mich Gott gebracht*, aber auch *Es ist gewisslich an der Zeit* könnten dem exklusiven Christusbekenntnis der Strophe einen weicheren, zugänglicheren Charakter geben, als der kantig-assertorische Quintsprung zu Beginn der Melodie von Schütz.

BERNHARD LEUBE

---

[12] Heinrich Schütz, Kleiner Liedpsalter, 32.
[13] WEG V, 18.
[14] FreylEd I/1, 93.
[15] Vgl. Otto Brodde, Heinrich Schütz, Weg und Werk, Kassel/München ²1979, 101.

374 Ich steh in meines Herren Hand

EG 374   EM 380

Text

Verfasser Carl Johann Philipp Spitta **Quelle** *Psalter und Harfe* (Carl Johann Philipp Spitta), Pirna 1833 **Überschrift** *Zuversicht* **Ausgabe** Drömann, Hans-Christian (Hg.): Karl Johann Philipp Spitta. Psalter und Harfe. Sammlung christlicher Lieder zur häuslichen Erbauung, Hannover 1991 **Strophenbau** A8/4a A7/3b-, A8/4a A7/3b-, A4/2c A4/2c A8/4c A7/3b- **Abweichungen** 1,7 an *ihm* * EM: ohne Strophe 4 **Verbindung TM** in der Q ohne M * Alternativvorschlag im EG: *Es ist gewisslich an der Zeit* (EG 149, so schon im DEG) * *Nun freut euch lieben Christen gmein* (Thüringer evangelisches Gesangbuch 1938) * weitere s. Kommentar

Melodie

s. *Wo Gott der Herr nicht bei uns hält* (EG 297)

Literatur

HEKG (Nr. 306) I/2, 459; III/2, 313–314; Sb, 475; HEG II, 308–310 ** ThustB, 333 f/ Nf, 311; ThustL II, 218 f ** Nelle (³1924/1962) Nr. 408; RößlerL (²2001) 871 ** KLAHR, Detlef: Glaubensheiterkeit. Carl Johann Spitta (1801–1859): Theologe und Dichter der Erweckung, Göttingen **1999**, 213–250, bes. 236

Philipp Spittas Liedtext in Verbindung mit der Wittenberger Melodie *Wo Gott der Herr nicht bei uns hält* ist ein rundum gelungenes Gesangbuchlied – „als eines der stärksten Vertrauenslieder bewährt […], unzählige Male am Krankenbett, bei Schicksalsschlägen und im Sterben gesprochen".[1] Das EG gibt die fünf Strophen in ihrer Originalgestalt wieder. Spitta dichtet es im Winter 1827. Sechs Jahre später erscheint sein Text in der ersten Auflage von „Psalter und Harfe" unter der Überschrift „Zuversicht". Rasch wird es in viele Gesangbücher aufgenommen – allerdings mit Melodien durchaus verschiedenen Charakters: Baden 1905: *Bis hierher hat mich Gott gebracht* (EG 329), Provinz Sachsen 1905: *Aus tiefer Not schrei ich zu dir* (EG 299.2), Hamburg 1912: *Nun freut euch, lieben Christen g'mein* (EG 341); Württemberg 1912: *Es ist gewisslich an der Zeit* (EG 149), Lübeck 1930: *Es ist das Heil uns kommen her* (EG 342). – Ob Spitta selbst eine Melodie im Sinn hatte, als er sein Lied schuf, wissen wir nicht. Als Strophenmodell greift er die Lutherstrophe auf – 7 Zeilen im Reimschema ababccd mit wechselnd 8 und 7 Silben – und verfeinert sie durch einen Binnenreim in Z. 5 und die Wiederholung des Reims aus Zeile 2/4 am Ende der letzten Zeile (b statt d im Reimschema) zu einem jambischen Achtzeiler 8a-7b-8a-7b-4c-4c-8c-7b.

---

[1] RößlerL, 871.

Der Text *Ich steh in meines Herren Hand* bündelt eine Fülle an biblischen Anspielungen. Dabei ist die Bibel weniger im direkten Zitat, sondern eher in der Resonanz vertrauter Motive präsent. Spitta wandelt, schweift und dichtet im Textraum der Bibel wie in der folgenden Betrachtung des Liedtextes deutlich wird.

Kennzeichnend für das Lied ist, wie Spitta in allen fünf Strophen Ich-Aussagen innerer Befindlichkeit mit Aussagen, die für alle Gültigkeit beanspruchen, verflicht. In der konsequenten Durchführung dieser Verflechtung entsteht eine Art seelsorgerliche Methodik: So stützt in Str. 1 der allgemeingültige Satz *wer sich an ihn […] hält, wird wohlbehalten bleiben* die persönliche Erfahrung *Ich steh in meines Herren Hand*; in Str. 4 die persönliche Erfahrung *wenn's am schlimmsten mit mir steht, freu ich mich seiner Pflege* die theologische Aussage *Was böse scheint, ist gut gemeint*. Glaubenserfahrung und allgemeines Vertrauenswort sind aufeinander bezogen und verstärken sich gegenseitig.

Die allgemeinen Glaubenssätze formuliert Spitta in den Strophen 3–5, jeweils in den Kurzzeilen mit Binnenreim (Z. 5–6), nach demselben Muster: Einem knappen Relativsatz schließt sich eine ebenso knappe Aussage an: *denn was er tut, / ist immer gut*. Quer durch die Strophen ergibt sich so eine Reihe kleiner seelsorgerlicher Merksätze, die den Eindruck eines Textes aus einem Guss fördern.

Jede Strophe besteht aus zwei Sätzen (Z. 1–4 und 5–8). In jedem dieser zehn Sätze ist der Gottesbezug ausgesprochen, so dass eine Gottesnähe entsteht fast wie im Gebet. Doch anders als Ps 73 und viele andere Lieder Spittas ist *Ich steh in meines Herren Hand* nicht an Gott gerichtet. Die fünf Strophen sind eine Art inneres Gespräch vor Gott – einerseits als Selbstvergewisserung, andererseits als Gotteslob, das aus der Seele des Dichters heraus geformt und geäußert werden muss. Die Verbindung mit der fröhlichen Melodie *Nun freut euch, lieben Christen g'mein* oder der proklamatorisch-bekennenden Weise von *Es ist das Heil uns kommen her* (s. o.) zeigt, dass Spittas Gedicht auch als ein öffentliches Glaubenszeugnis verstanden wurde. Allerdings ist in unserem Text keine Hörerschaft und keine Gemeinde mitreflektiert. Sein Dichten ist – wie im Schlussvers geschrieben – dankbare Antwort seiner Seele auf die erfahrene Zuwendung Gottes: *ich will ihn ewig preisen*.

Die Strophen 1 und 5 greifen das Motiv der *Hand* aus Ps 73,23 f – gleichsam als Rahmen – auf: *Dennoch bleibe ich stets bei dir; denn du hältst mich bei deiner rechten Hand*. Die Sprachgestalt der ersten Strophe zeigt die feine theologische Durchführung: Während Z. 1 *Ich steh in meines Herren Hand* im Indikativ formuliert ist, machen die Hilfsverben in Z. 2 [*ich*] *will drin stehen bleiben* und Z. 3 [*nichts*] *soll mich daraus vertreiben* die Unverfügbarkeit der Gnade Gottes deutlich. Satz 1 (Z. 1–4) setzt persönlich an; Satz 2 (Z. 5–8) verallgemeinert die Aussage zu einer Regel. *Und wenn zerfällt / die ganze Welt* spielt auf den Zerfall der alten Welt zu Beginn des 19. Jh. an.[2]

---

[2] Noch deutlicher ist der politische Bezug in Spittas Pfingstlied *O komm, du Geist der Wahrheit* (EG 136), das im selben Jahr entstanden ist: Str. 3: *Unglaub und Torheit brüsten sich frecher jetzt denn je*. – Auch im ersten Lied der Sammlung „Psalter und Harfe", einer fast schon allegorisierenden Aktualisierung von Psalm 137 (Babel = Paris), ist der politisch-geistliche Bezug auf die französische Revolution und ihr aktuelles Zurückgedrängt-Werden, auf Aufklärung und Rationalismus und die darauf reagierende Erweckungsbewegung kaum überhörbar.

In Str. 2 ist es umgekehrt: Der allgemeine Satz steht vorne und begründet den zweiten, persönlichen Satz. Die vielfache Alliteration auf w/v (*Wunder, wahrhaftig Wort, verlassen, wagt, unverzagt*; auch im Umlaut aue – *schauen, trauen, grauen* – schwingt das W mit[3]) gibt den sprachlichen Schwung, der dem Vertrauen auf Wort und Wunder entspricht. Das „Fels und Hort"-Motiv aus den Psalmen (18,3; 31,3 f; 62,3.7; 71,3 u. ö.) bekräftigt die Verlässlichkeit von Gottes wahrhaftigem Wort.

In Str. 3 wird der Ton des Liedes leiser. Z. 3 f *ich halte ihm im Glauben still / und hoff auf seinen Segen* ist die Mitte des fünfstrophigen Liedes, formal und auch inhaltlich. Die Strophe erinnert an die großen Vertrauenslieder Paul Gernhardts *Gib dich zufrieden und sei stille* (EG 371,1) und *Befiehl du deine Wege: Weg hast du allerwegen … dein Tun ist lauter Segen* EG 361,4). Stille sein und hoffen (Jes 30,15) nimmt sehr gut die Essenz von Spittas Leben auf, der Krankheit und Lebensumbrüchen ausgesetzt war.

Str. 4 steigt noch tiefer in die Erfahrung des Leidens: Gerade *wenn's am schlimmsten mit mir steht*, ist Gott zur Stelle. Im Hintergrund ist wiederum Paul Gerhardt deutlich vernehmbar: *Befiehl du deine Wege und was dein Herze kränkt, der allertreusten Pflege, des der den Himmel lenkt* (EG 361,1) Hier nähert sich das Lied dem Paradox paulinischer Theologie: *Gott hat zu mir gesagt: Lass dir an meiner Gnade genügen, denn meine Kraft vollendet sich in der Schwachheit. – Darum bin ich guten Mutes in Schwachheit … denn wenn ich schwach bin, so bin ich stark.* (2. Kor 12,9 f). Die *Wunderwege* (4,4) wurden in Str. 2,2 schon vorbereitet. Das dazugehörige Reimwort *Liebesschläge* ist heute anstößig und erklärungsbedürftig – auch geliebte Kinder dürfen nicht geschlagen werden – und schränkt die Verwendbarkeit der Strophe im Gottesdienst ein. Im pietistischen Liedgut kommt der Begriff häufiger vor. Spitta greift ihn als Metapher für die Leiderfahrung auf, mit der er sich auseinandersetzt und die er im Vertrauen auf den zutiefst gütigen Gott zu verstehen versucht. Sein Vertrauenslied blendet Anfechtung und reale Not nicht aus und bleibt selbst mit dem böse scheinenden Gott gut. Spitta wagt eine Deutung des Leidens, wo wir heute über die Rede vom dunklen Gott hinaus meist sprachlos bleiben.

Str. 5 nimmt in schöner Inklusio das Motiv des Geborgenseins in der *Hand* Gottes aus der ersten Strophe wieder auf. Aus der zweiten Strophe wird das *wahrhaftig Wort* im Motiv der Verheißung konkretisiert. Deutlich klingt das Christuswort aus Joh 10,28b an: [Meine Schafe] *werden nimmermehr umkommen und niemand wird sie meiner Hand entreißen*. Den letzten Satz verdichtet Spitta, indem er in den (Binnen-)Reim der Zeilen 5–7 (*verspricht / … / nicht / Zuversicht*) als weiteres reimendes Wort *bricht* einfügt. Dadurch entsteht ein einprägsamer Satz fürs Auswendiglernen und für die Seelsorge. Ganz zuletzt fällt auch das Wort *Zuversicht*, das in „Psalter und Harfe" unserem Lied als Überschrift gegeben ist: Die begründete und bewährte *Zuversicht* führt den Dichter nach dem Vorbild vieler Psalmen zum Gelübde des Gotteslobs, hier und in alle Ewigkeit: *ich will ihn ewig preisen*.

Im EG ist wie schon in EKG 306 Spittas Text sehr stimmig verbunden mit der Melodie des Wittenberger Reformationslieds *Wo Gott der Herr nicht bei uns hält* (EG 297). Die schlichte und rhythmisch ruhige Moll-Weise bewegt sich mit einer Ausnahme im Quint-

---

[3] Vgl. die altertümliche Schreibweise „vertrawen".

raum über dem Grundton; nur in Z. 7 wird dieser unterschritten, was – jeweils auch textlich stimmig – das sichere Fundament des Glaubens unterstreicht. Der Strophenbeginn und die Zeilenwechsel bewegen sich meist um die dritte Stufe, die als Mitte der verwendeten Tonskala neben dem Grundton tragend ist. Die Kurzzeilen enden beide auf der zweiten Stufe, was die Wirkung des Binnenreims verstärkt. Die Orientierung an der immer wieder angestrebten Mitte und die grundtönige Sicherheit stimmen sehr gut zum Wesen des Textes.

EG 374 kann als allgemeines Vertrauenslied in vielen Gottesdiensten und auf dem Friedhof gesungen werden. Am Kranken- und Sterbebett kann es Worte leihen, wo eigene Worte fehlen oder zu kurz greifen. Über seine biblischen Bezüge ist es verbunden mit dem 1. Sonntag nach dem Christfest (Wochenpsalm Ps 71), dem Altjahrsabend (weitere Texte: Jes 30,15–17), mit Estomihi (Wochenpsalm Ps 31), mit dem Sonntag Miserikordias Domini (1. Joh 10,11–30) und dem 5. Sonntag nach Trinitatis (Wochenpsalm Ps 73 und 2. Kor 12,1–10 als Predigttext der VI. Reihe).

FRIEDER DEHLINGER

399 O Lebensbrünnlein tief und groß

Text

Verfasser Johannes Mühlmann **Vorlage** Ps 65,10 **Quelle** [*827. Geistliche Psalmen/ Hymnen/ Lieder vnd Gebet*, Nürnberg 1618][1] **Überschrift** *Ein Gesang auß dem 65. Psalm.* **Ausgabe** W V,699 **Strophenbau** A8/4a A8/4a A7/3b-, A8/4c A8/4c A7/3b-, A8/4d A8/4d A7/3b- **Abweichungen** (nach W V,699): 2,8 *mein Seelelein*; 3,8 *ihm* machet; nach 4: *5. O Lebensbrünnlein tieff und weit,* 6. *Mein Hertz ist mir brünstig vnd heiß*; 5,1 *Unser leyden* auf, 5,2 aller *geringsten*, 5,9 mit *ewiger wollust*; 7,4 Laß dich schwermut, 7,6 *allzeit das Kreuz hat troffen* **Verbindung TM** in der Q ohne M * eigene M: Z IV,7306 (DKL 1627[07]) * Z IV,7307 (Handschrift Englert, Schweinfurt 1723)

Melodie

Incipit 13453665_ **Quelle** *Harmoniae Hymnorum Scholae Gorlicensis*, Görlitz 1585 (DKL 1585[18] und DKL III/3,c18a) **Ausgaben** Z IV,7305 (nach DKL 1603[15]); DKL III/3,C79 **Ambitus** G: 8; Z: 646(646)848 **Abweichungen** 3. Stimme eines 4st. Satzes (SSSA); ¢; Quarte höher; Z. 1 vor N 1 Halbe- und Viertelpause; Z. 3 N 4 g', N 6 [sic: nicht 7] Ganze; Z. 3/4 Viertelpause nach Wiederholungszeichen **Verbindung MT** in der Q: *Kompt her jr lieben Brüderlein* * Verbindung mit dem heutigen Text in: *Geistliche Melodien meist aus dem 16. und 17. Jahr.[undert] in ihren ursprünglichen Tönen und Rhythmen […] zweistimmig gesetzt. Erstes Hundert* (Friedrich Layriz), Erlangen 1844[2]

Literatur

HEKG (Nr. 290) I/2, 440–442; II/2, 88; III/2, 277–279; Sb, 449 f; HEG II, 218 f (Ergänzungen von Wolfgang Herbst in JLH 40 [2001], 177) ** ThustB, 350/ Nf, 326 f; ThustL II, 269–272 ** EEKM (1888–1895) II, 565; Schlunk (1951) 291; DKL III(1993–2010)/3, Textbd. S. 257 ** GEISSER, Walther/ WEISMANN, Eberhard: Unsere neuen Lieder. O Lebensbrünnlein, Jesu Christ (G.B. 290) WüBll 22 (**1955**) 82–85 * HOFMANN, Friedrich: Die Gemeinde lernt singen. Grundsätzliches und Praktisches zum Gemeindesingen, Kassel/ Basel **1957**, 43–47 * BRODDE, Otto: „O Lebensbrünnlein tief und groß". Eine Liedbetrachtung, KCh 23 (**1963**) 55–58 * SAUER-GEPPERT **1984**, 101 f.112 f.131 * WISCHMEYER, Wolfgang: Vom Lebensbrünnlein, in: Patristica et Oecumenica. Festschrift für Wolfgang A. Bienert zum 65. Geburtstag, hg. von Peter Gemeinhardt und Uwe Kühneweg, Marburg **2004**, 167 f

---

[1] Das einzige derzeitig bekannte Exemplar im Kloster Melk konnte nicht eingesehen werden. Vgl. DKL 1618[05] und Z VI,446. Nach W V,699 steht das Lied hier auf S. 733. Es gibt eine spätere Ausgabe: *827[.] Geistliche Psalmen Hymni/ Lieder vnnd Gebet,* Nürnberg 1622 (nicht in DKL), darin steht das Lied mit Abweichungen zu W V 699 auf S. 691, Digitalisat Rostock: https://t1p.de/5e967 (S. 691; 4.2.2022).

[2] Digitalisat München: https://t1p.de/gr243 (Nr. 76; 5.2.2022).

Aus nur einem Bild, das dem 65. Psalm entnommen ist, hat der Leipziger Theologe Johann Mühlmann (1573–1613) diesen freudigen Liedtext entwickelt: *Gottes Brünnlein hat Wasser die Fülle* (Ps 65,10). Daher ist das Lied im ältesten Druck 1618[3] als „Gesang auß dem 65. Psalm" überschrieben. Das „Brünnlein" wird als Christussymbol verstanden und als *L e b e n s brünnlein* näher bestimmt (vgl. Joh 4; Ps 36,10). Der Schlüsselbegriff „Leben" taucht nur an zwei Stellen auf (Str. 2,9; [5],9[4]), aber die emphatische Anrede *O Lebensbrünnlein* kommt in vier von neun Strophen vor (im EG drei). Zugleich verweist „Leben" auf die in Str. 5–6 (bzw. [6–8]) geschilderte himmlische Existenz, die Zielperspektive der Betrachtung. Mit ihr setzt der Autor auch seiner eigenen Schwermut[5] etwas entgegen (vgl. Str. 7,4).

Mühlmanns Dichtung weist eine gewisse Nähe zu zwei Schriften prominenter Autoren derselben Zeit auf: 1599 war Philipp Nicolais „Freudenspiegel des ewigen Lebens" mit dem „Geistlichen Brautlied" *Wie schön leuchtet der Morgenstern* (EG 70) erschienen, 1605 Johann Arndts „Vier Bücher vom wahren Christentum". Mühlmann schlägt ähnlich innige und bildhafte, teils schwärmerische Töne an. Im Falle von Nicolais Lied ist sogar ein direkter Einfluss auf Mühlmanns Text erkennbar:

EG 399	EG 70
2,3 *mit reichen Gaben*	1,8 *reich an Gaben*
4,6 *der mir mein Herz besessen*	1,6 *hast mir mein Herz besessen*
4,8 *macht er mein Herz im Leib so froh*	7,1 *Wie bin ich doch so herzlich froh*
4,9 *dass ich sein nicht vergesse*	2,9 *deiner kann ich nicht vergessen*
6,4 *mein Reichtum, Zierd und werte Kron*	2,1 *Ei meine Perl, du werte Kron*
6,6 *in ewger Freud zu wallen*	6,6 *in steter Liebe wallen*

Auch Strophenform und Melodie ähneln sich. Nur das verwendete Bild ist eben nicht das der himmlischen Hochzeit, sondern das des Brünnleins.

Zur Sprache: Die innige Selbstbetrachtung *mein Herz* begegnet öfter (Str. 2,6; 3,4; 4,6.8; 7,1), ebenso, aus dem Psalter, *mein Seel* (Str. 1,8; 2,8; [6],7). An diesen beiden, „Herz und Seel", zeigt sich die innere Not ebenso wie die belebende Wirkung des Brünnleins. Das zentrale Bild des Wassers aus dem Brünnlein zieht sich durch (fast) alle Strophen[6] und wird anhand einer Fülle von Verben anschaulich gemacht: entspringen, ergießen, erquicken, laben, stillen, schöpfen, tränken. Bilder aus der Natur, alle biblischen Ursprungs, unterstreichen die lebenspendende Kraft des Wassers: Von Tieren (*Hirsch*), Pflanzen (*Blümlein, Palmbaum, Röselein*), auch von *dürrem Land* ist die Rede.

Zur Form: Die ursprünglich neun, im EG sieben Strophen haben eine neunzeilige Form. Sie sind je aus drei metrisch identischen, dreizeiligen Abschnitten von vier- bzw. dreihebigen ‚Jamben' zu je 8-8-7 Silben gebaut. Allerdings folgt die Metrik noch kei-

---

[3] S. o. Text/ Quelle; das Entstehungsjahr des Liedes selbst ist unbekannt.

[4] Da im EG die originalen Strophen 5 und 6 fehlen, werden Verweise darauf durch eckige Klammern gekennzeichnet.

[5] Vgl. HEKG Sb, 450; HEG II, 219.

[6] Wischmeyer 2004, 168 schlägt deshalb vor, den Text als „Dinggedicht" zu verstehen, in dem ein bildhafter Gegenstand intensiv wahrgenommen und unter „Einfühlung in sein Wesen und inneres Gesetz" besungen wird (vgl. Gero von Wilpert, Sachwörterbuch der Literatur, Stuttgart [7]1989, 195).

nem Opitzschen Ebenmaß von betonten und unbetonten Silben und wirkt dadurch an einigen Stellen holprig (z. B. 3,1 *Wie ein Blümlein*). Der Reim folgt dem Schema aabccbddb.

Zur Gliederung: Der Text beschreibt eine meditative Bewegung vom Ursprung des ‚Brünnleins' in Str. 1 bis zum Ziel des Ich *in jener Welt* (7,9). Es ist, in Übereinstimmung mit den verwendeten Bildern, eine Bewegung ‚im Fluss', die eine kontinuierliche Entwicklung und, mit der Hinwendung zur himmlischen Herrlichkeit, auch eine Steigerung enthält. Die Entwicklung durchläuft verschiedene Zeitphasen:

– In der Vergangenheit (Str. 1 und 2) liegt der Ursprung des ‚Brünnleins', also Christi, im Schoß des Vaters (Str. 1) sowie die Ausbreitung seines Wortes *an allem Ort* (Str. 2); dazu gehören Verbformen im Perfekt.
– Die Gegenwart (Str. 1–4 und [5]) ist von der leidvollen Existenz des Ich in *dieser Welt Elende* (1,9) bestimmt, von seinem Dürsten nach dem lebendigen Wasser, aber auch von seinem ersten Getröstetwerden. Dem entsprechen präsentische Verbformen und bittend an das Brünnlein gerichtete Imperative.
– Für die Zukunft (Str. 5–6 bzw. [6–8]) wird die Stillung des Durstes *mit ewger Wonne* (5,9) in Aussicht gestellt; die Verben im Futur, die Gottes erwartetes Handeln beschreiben, drücken eine getroste Gewissheit aus.

Str. 7 enthält die Aufforderung, diese frohe Aussicht auf die Gegenwart ausstrahlen zu lassen. Ein Wechsel der Blickrichtung findet zwischen Str. 4 und 5 statt, in der Originalfassung zwischen Str. [5] und [6]. Der zentralen, im EG nicht enthaltenen Strophe [5] kommt dabei eine Scharnierfunktion zu: Sie verwendet noch die Sprachform der vorangegangenen Strophen 1, 2 und 4 (*O Lebensbrünnlein*), wendet sich aber bereits in Richtung „Ewigkeit". Einen doppelten Höhepunkt bilden die beiden Strophen 6 und 7, die je auf ihre Weise emphatisch verstärkt sind: In Str. 6 ist der Blick auf *Gott*, in Str. 7 aufs *Herz* gerichtet; in Str. 6 herrscht jubelnder Lobpreis, in Str. 7 freudig tröstende Bestärkung.

Einzelkommentierung:
Str. 1, beginnend mit der an Christus gerichteten Anrede *O Lebensbrünnlein*, bildet den Ausgangspunkt der Bewegung. Das Gewicht der ersten Verszeile wird unterstrichen durch eine Art eingeschobenen ‚Prolog', der in einem Rückgriff auf das Gewesene (*entsprungen, offenbart*) den Ausgangspunkt des „Brünnleins" ergründet. Seine Herkunft, sein Wesen, seine Geschichte werden attributiv in vier syntaktisch untergeordneten Versen näher bestimmt: der göttliche Ursprung, die wahre Gottheit Jesu, seine Selbstoffenbarung in der Menschwerdung. All das entspricht genau der orthodoxen Dogmatik und den altkirchlichen Symbolen (Nizänum). Zugleich entsteht durch Thema, Versform und Reimwörter (*groß/Vaters Schoß*, vgl. Joh 1,18; *rein und zart*) ein eigentümlicher Anklang an das Passionslied *O Mensch, bewein dein Sünde groß* (EG 76,1). Das eigentliche Ziel der Anrede aus V. 1 ist die innige Bitte: *dein lieb' Herz zu uns wende*. Sie ergibt sich aus der Seelennot des Ich, illustriert mit dem Zitat von Psalm 42,2. Dem dürstenden Hirsch fehlt das Wasser des „Brünnleins"; im Anstimmen des Liedes findet das „Schreien" der Seele eine ähnliche Ausdrucksform wie im Psalm. Die Bezeichnung *Elende* meint weni-

ger unglückliche Lebensumstände als vielmehr den Umstand, dass die Welt für die im Himmel beheimatete Seele stets ‚Fremde' bleibt.

Str. 2 blickt zunächst nochmals auf die Vergangenheit zurück, nämlich auf die schon erfolgte Offenbarung bzw. Ausbreitung des Gotteswortes, der *reichen Gaben, voll Wahrheit und göttlicher Gnad* (vgl. Joh 1,14). Im Bild: Von dem Brünnlein geht ein Strom mit lebenspendendem Wasser aus, das sich in alle Richtungen ausbreitet. Die biblischen Vorbilder sind zahlreich: der vierarmige Paradiesstrom (Gen 2,10); der Lebensstrom aus dem Tempel in der Vision Hesekiels, der Bäume wachsen lässt (Hes 47,1–12, daraus V. 9: *alles soll gesund werden und leben, wohin dieser Strom kommt*); der *Strom lebendigen Wassers*, der in Off 22,1 vom Thron Gottes und des Lammes her fließt. Das Brünnlein verströmt sein Wasser – *Gnade* und *Wahrheit* – mit der Absicht, *das matte Herz zu laben*. Darauf richtet sich auch die an Ps 23,2 f angelehnte, durch eine doppelte Anrede intensivierte Bitte in V. 7–9. Letztes Ziel ist dabei nicht nur die Überwindung einer ‚Durststrecke', sondern das Leben selbst; die Formulierung *in dir das Leben haben* ist johanneisch geprägt (vgl. etwa Joh 20,31).

Str. 3 vertieft die „Not" des Herzens an weiteren Naturbildern aus der biblischen Tradition: Das *Blümlein in dürrem Land* greift auf die Vision aus Jes 35 zurück, in der die Wüste durch hervorbrechende Ströme zum Blühen gebracht wird, der grünende *Palmenbaum* auf die Verheißung an den Gerechten in Psalm 92,13 (vgl. auch die im Einflussbereich des ‚Lebensstroms' gedeihenden Bäume in Gen 2, Hes 47, Off 22). Gestärkt wird die Widerstandskraft des Herzens unter solch lebensfeindlichen Bedingungen (*verschmacht*: vgl. Ps 73,26) durch die Ausrichtung auf *seinen Gott*: Indem es an ihm festhält, ist es gegen die Vernichtung seiner Existenz (*ersticken, erdrücken*) gefeit.

Str. 4 besingt nach der Not den Überfluss: nicht zu *ermessen, unerschöpflich* ist die Güte Jesu, des Brünnleins; er wird aber auch mit Ps 23,1 als *der treue Hirt* angeredet, der vom Mangel zum frischen Wasser führt. Die Zitate aus EG 70 in der zweiten Strophenhälfte (s. o.) betonen die Innigkeit der Jesus-Beziehung (zwei Mal *mein Herz*). Mit dem Begriff *Evangelio* gewinnt das Wasser des Brünnleins zudem weiter an ‚Substanz'.

Der Text der beiden nach Str. 4 entfallenen Strophen lautet (nach W V,699):

> *[5.] O Lebensbrünnlein tief und weit,*
> *du stillest Durst in Ewigkeit*
> *und lässt niemand verderben:*
> *Gib mir, der ich aus deiner Füll*
> *den rechten Glauben schöpfen will,*
> *Trost wider Tod und Sterben,*
> *dass ich blüh wie ein Röselein*
> *zu Saron, und durch dich allein*
> *das ewig Leben erbe.*

> *[6.] Mein Herz ist mir brünstig und heiß*
> *nach dem himmlischen Paradeis,*
> *des ich hoff zu genießen;*
> *denn ich weiß, wenn ich dahin komm,*
> *da wird ein ewiger Freudenstrom*
> *ohn Maßen sich ergießen:*
> *Freu dich, mein Seel, und wenn gleich Gott*
> *dich kommen lässt in Angst und Not,*
> *so lass dich's nicht verdrießen.*

Der Wirkung des Brünnleins wird hier eine wesentliche Dimension hinzugefügt: *in Ewigkeit*, nicht nur in der Welt, stillt es den Durst. Im *Glauben* findet das Ich darum schon jetzt *Trost wider Tod und Sterben*. Mit dieser Wendung greift Mühlmann das Gespräch Jesu am Jakobsbrunnen auf (Joh 4). Mit *Füll* (Ps 65,10) knüpft er an den Überfluss von Str. 4 an, mit dem *Röselein zu Saron* (Hld 2,1) an die Szenerie der blühenden

Wüste von Str. 3 (vgl. Jes 35,2); *Leben* (2,9) wird spezifiziert zum *ewig Leben*. Der Blick und die sich steigernde innere Bewegung des Herzens richten sich nun aufs *Paradeis*, wo mit dem *Freudenstrom* (vgl. Ps 36,9; vgl. Str. 5,9) die überfließende Fülle des Brünnleins eine völlig neue Qualität gewinnt. Es ist diese Aussicht, an der sich die *Seel in Angst und Not* aufrichten soll.

Str. 5 stellt beide Sphären, Himmel und Erde, gegenüber und konstatiert mit Röm 8,18: Gegen die kommende *Herrlichkeit* fällt *all unser Leid auf dieser Erd* nicht ins Gewicht. Das Leid wird sprachlich minimiert (*nicht im allerg'ringsten*), *Himmelsfreud* und *Herrlichkeit* dagegen durch Alliteration und verstärkende Adjektive (*übergroß*, *wunderschön*) vergrößert und durch Epanalepse hervorgehoben: *Da, da wird er uns allzugleich*. Die himmlischen Gaben sind ausdrücklich als Geschenke Christi kenntlich gemacht; Ort des Geschehens ist *seines lieben Vaters Reich*. Das Geschenk des Lebens strömt nun überreich aus dem Brünnlein: Darin, dass es die Durstigen *mit ewger Wonne tränken* kann (vgl. nochmals Ps 36,9), erweist es sich als wahrhaft *unerschöpflich* (4,2) und *ohn Ende* (1,3).

Str. 6 kehrt vom allgemeineren *Wir* in Str. 5 zurück zum *Ich* und wendet das Augenmerk von Christus auf *Gott selbst*. Mit einer außergewöhnlichen Häufung von Gottesprädikationen wird der Gipfel der Klimax erreicht. Alle dreizehn Begriffe sind durch das Possessivpronomen *mein* auf das *Ich* bezogen, das an der Herrlichkeit partizipiert. Nur das erste Begriffspaar, *mein Speis und Trank* (vgl. Joh 6,55), führt in Anknüpfung an Str. 5,9 (*tränken*) das Bild vom Brünnlein ausdrücklich fort; die übrigen wirken in ihrer Fülle aber geradezu wie eine stilistische Repräsentation des überströmenden Brunnens. Mit *Lied* und *Lobgesang* (vgl. Ex 15,2) rekurriert der Text auf sein eigenes Genre und gibt sich als Vorahnung des Himmelsklangs zu erkennen; mit *Lust und Wohlgefallen* wird der leidvollen Erdenexistenz ein weiterer Kontrast entgegengesetzt, mit *Klarheit, Licht und helle Sonn* ein ganzes Bündel von biblischen Assoziationen aufgerufen (Gen 1,3; Ps 84,11; Joh 8,12; Off 22,5). Vollends an ihr Ziel geführt und final überboten wird die Überfülle der Prädikationen durch das Zitat von 1. Kor 15,28: *Er wird sein alls in allen*.

Str. 7 führt nach diesem Höhenflug auf die Erde zurück, freilich nochmals mit einer überschwänglichen Aufforderung – in Form einer erneuten Häufung, diesmal von Imperativen: *Hüpf auf, mein Herz, spring, tanz und sing*. Durch die beglückende Aussicht, dass *der Himmel [offen] steht* (vgl. Apg 7,55), gewinnt das zuvor durch die *Not* (3,4; [6],8) so *matte Herz* (2,6) Lebendigkeit und freudige Aktivität zurück. Der drohenden *Schwermut* wird der Verweis entgegengesetzt, dass das *Kreuz* gerade ein Erweis der Liebe des Vaters sei (vgl. Hebr 12,5 f). Im Singen des Liedes hat sich die Sicht auf die Welt grundlegend geändert: Stand am Anfang der ‚Schrei' *aus dieser Welt Elende* (1,9), ist es am Ende die Hoffnung auf die Gottesgaben *in jener Welt*. Das *Herz* wird abschließend nochmals bestärkt: *Drum sei getrost und glaube fest*. Indem es die Bewegung von Mühlmanns Dichtung mitvollzieht, hat es bereits hier und jetzt Anteil an der belebenden Wirkung der *frische[n] Quell* (1,7).

In vielen Gemeinden ist das Lied vom „Lebensbrünnlein" wenig bekannt. Auf den ersten Blick wirkt der Diminutiv im Liedanfang altertümlich, vielleicht sogar etwas betulich. Dennoch lohnt es sich noch immer, sich auf die Bewegung des Liedes einzulassen. Die Wasser-Symbolik ist anschlussfähig für viele Themen und Predigttexte, auch für Taufen, das Himmels-Thema für den Ewigkeitssonntag. Die zeittypische Weltverneinung hat in diesem Text insofern eine auch für heutige Begriffe erträgliche Form, als sie nicht im Fokus steht, sondern als Hintergrund dient für Ermutigendes und Bestärkendes. Dem Lied vom Brünnlein ist zu wünschen, dass es seine erquickende Wirkung weiter entfalten kann.

LUKAS LORBEER

Erst die Verbindung des Liedtextes mit dieser Melodie im Jahr 1844 durch den fränkischen Hymnologen Friedrich Layriz (1808–1859) hat dem „Lebensbrünnlein" zur Gesangbuchkarriere verholfen,[7] wobei für das 20. Jahrhundert der „singbewegte" Zugang über die Jugendliederbücher „Der helle Ton/ Ein neues Lied" der 30er-Jahre entscheidend war (vier Strophen, darunter die beiden im EG fehlenden). Layriz benennt als seine Quelle für die Melodie ein im Jahr 1603 in Leipzig publiziertes Schulgesangbuch mit mehrstimmigen Sätzen zu deutschen wie lateinischen Gesängen.[8] Besonderheit ist hier der Satz für drei Diskantstimmen und eine „Vox infima" (tiefer Alt als Bass-Ersatz), also für nicht mutierte Kinderstimmen allein. Die Melodie findet sich in der dritten Stimme, den Sätzen mit Tenor-c.f. analog. Das Lied soll also, etwa zum Schuleintritt oder zur Schuljahreseröffnung,[9] von den Kindern der Knabenschule ohne Lehrkraft gesungen werden. Der ursprüngliche Text stellt eine (mit zahlreichen Drohungen gespickte) Ermahnung zu eifrigem Schulbesuch dar: *Kommt her, ihr lieben Brüderlein, geht mit uns in die Schul hinein, wie andre fromme Knaben.*

Das *Lebensbrünnlein*-Lied erschien in der Nürnberger Erstveröffentlichung 1618 ohne Melodieangabe. Für den seltenen Strophenbau mit 9 (3+3+3) Zeilen suchte der auf Texte und Melodien aus 16. und 17. Jh. fixierte Layriz wohl eine ansprechende Melodie und wurde bei der Leipziger Publikation von 1603 fündig. Der Kinderlied-Status, erkennbar auch an einfacher, syllabischer Melodik ohne schwierige Sprünge und Melismen (außer am Schluss), erscheint durchaus passend. Nicht nur sind die Diminutive *Lebensbrünnlein* und *Brüderlein* in der Kopfzeile sich sprachlich nahe, auch der Gesamtduktus der Melodie korreliert mit ebenso kindlich-spielerischen Weisen im selben F-Modus zu inhaltlich verwandten Liedern wie *Wie schön leuchtet der Morgenstern* (EG 70) oder – in prägnanter Form – *Steht auf ihr lieben Kinderlein* (EG 442). Layriz brachte das Lied 1844 gleich in zwei Publikationen heraus: eine zweistimmige Version in den „Geistlichen Melodien",[10] einen vierstimmigen Satz im „Kern des deutschen Kir-

---

[7] In der Sammlung Neu-eingerichtetes Gesangbuch: in sich haltend eine Sammlung (mehrentheils alter) schoner lehrreicher und erbaulicher Lieder, Germantown (USA) 1762 findet sich das Lied als Nr. 754 schon vor Layriz. Trotz sonst stets sorgfältiger Melodiehinweise ist hier aber keine Weise angegeben. Offensichtlich begnügte man sich mit dem Status als Leselied.

[8] Cantiones Sacrae Quae Per Totum annum, in diebus Festis …Christliche Gesänge, Welche durchs Jahr über an den Festtagen, Leipzig 1603, S. 64, Digitalisat ThULB Jena: https://t1p.de/hfdg2 (S. 64; 5.2.2022). – Auch die Layriz offenbar nicht zugängliche, knapp 20 Jahre ältere Erstpublikation in Görlitz (1585, nicht 1587, wie im EG notiert) geschah in einem Schulgesangbuch.

[9] Die Überschrift lautet in der Görlitzer Quelle: Invitatio scholasticorum.

[10] S. o. Melodie/ Verbindung MT.

chengesangs",[11] beide analog zu seiner Quelle in F-Dur. In den Folgeauflagen des „Kern"
1849 und 1855 versetzte er es ins singefreundlichere, auch feierlichere Choral-Es-Dur.
Die Jugendgesangbücher der 1930er-Jahre führten es dann in D-Dur, ebenso das EKG,
jetzt sind wir in C-Dur angekommen.

Wichtige Charakteristika dieses Melodietyps sind einerseits Terz-Freundlichkeit[12] –
„Dur-Prägung" also in Zeiten, wo es zwar den ionischen Ton, aber eigentlich noch
kein „Dur" gab – andererseits das pointierende Wechselspiel von Tonstufe 5 und 6,
namentlich am Ende der ersten Liedzeile (vgl. die beiden Melodien von Ph. Nicolai
aus der selben Zeit zu EG 70 und 147). Hier mündet zudem auch die zweite Zeile in
den Tonwechsel 6–6–5, was dem Paarreim auf der Textebene entspricht. Formeln mit
5–6–5–3-Wechseln sind typisch für Kinderlieder aller Zeiten (z. B. *Backe, backe Kuchen*).
Im vorliegenden Fall eröffnet diese Wendung wörtlich die vorletzte Zeile 8, die
in den Terzton mündet (vgl. EG 442). Das *Brüderlein*-Lied enthielt an dieser Stelle in
den meisten Strophen einen Binnenreim zu beiden Terz-Tönen. Jetzt steht die „Dur-
Terz" für die „Süßigkeit" der Erquickung (Str. 2 *erquick*) – vgl. *lieblich, freundlich* in
EG 70,1 – durch das *Lebensbrünnlein* im Glauben, wie es in der Tradition der Mystik
formuliert und erlebt wird. In Text wie Musik ist „kindliche" Ausdrucksweise Korrelat
zu mystischer Glaubensintimität.

Im Abgesang ist diese achte Zeile eingerahmt vom Oktav-Aufstieg zum oberen
Grundton in Z. 7 und einem dazu komplementären Ton-für-Ton-Abstieg über die
ganze Oktave in der Schlusszeile. Der Zielton von Z. 7 markiert den Kulminationspunkt
der Melodie, nachdem der obere Grundton zum ersten Mal zu Beginn von Z. 2 mit
Quartintervall angesprungen, aber nicht gehalten wird. In mehreren Strophen ist dieser
Kulminationspunkt mit inhaltlichen Pointen verbunden (z. B. *Quell* Str. 1, *Evangelio*
Str. 4, *glaube fest* Str. 7). Der melodischen Steigerung im Abgesang korrespondiert in
allen Strophen die inhaltliche Stringenz hin zur Bekräftigung (z. B. *ja* 3,7), zur Trans-
zendenzperspektive im ewigen Leben (*da, da* 5,7) oder zur finalen Konklusio (7,7
drum). So kann diese Melodiezuweisung als sehr gelungen gelten. Auch der Aufgesang
ist wohlgeformt: Z. 1/2 wie benannt mit 6–6–5-Pointe, in Z. 1 vom unteren Grundton
aus erreicht, in Z. 2 komplementär vom oberen her. Z. 3 führt zum Grundton zurück
(vgl. Nicolais Lieder mit 3-Zeilen-Aufgesang EG 70 und 147) und enthält wie Z. 1 die
kindliche, respektive mystische Fallterz 5–3. Die „singbewegte" Rezeption des Liedes in
den 1930er-Jahren kam angesichts solch melodischer Stimmigkeit nicht von ungefähr.

KONRAD KLEK

---

[11] Kern des deutschen Kirchengesangs: Eine Sammlung von CC. Chorälen meist aus dem 16. und
17. Jahrhundert in ihren ursprünglichen Tönen und Rhythmen mit alterthümlicher Harmonie vierstimmig
zum Gebrauche für Kirche und Haus, Nördlingen 1844.

[12] In Zeile 3 des Originals noch deutlicher, wo die vierte Note ein *g* war.

420 Brich mit den Hungrigen dein Brot

Text

Verfasser Friedrich Karl Barth **Vorlage** Jes 58,7 **Quellen** (a) *Unkraut Leben*, Telgte 1977 * (b) *Lieder zum Kirchentag Berlin 1977*, München 1977 **Ausgabe** Peter Janssens, Meine Lieder, Augsburg 1992 **Strophenbau** A8/4x A8/4x A8/4x A8/4x **Abweichung** (b) 2 Strn. unter den N abgedruckt, dann „..." **Verbindung TM** wie EG

Melodie

Incipit 3_321-5-611_ **Verfasser** Peter Janssens **Entstehung** 1977 **Quellen** s. Textquelle **Besonderes** durch die vierzeilige Melodie zum fünfzeiligen Text entsteht ein Rundgesang **Ambitus** G: 9; Z: 66b64 **Abweichung** (a) Str. 3 und 5 mit vierstimmigem Frauenstimmen-Satz und M in der 2. Stimme * (b) mit Taktvorschrift ℂ **Verbindung MT** wie EG

Literatur

HEG II, 32f.166f ** ThustB, 361/ Nf, 338; ThustL II, 310f; Meyer (²1997) 49,51–54,133,136–137 ** SCHNEIDER, Martin Gotthard: Brich mit den Hungrigen dein Brot, in: Möller **1997**, 240f * EVANG, Martin: Monatslieder. Liturgische Anregungen für das Kirchenjahr 2012/2013, in: Thema: Gottesdienst 37 (**2013**) 48–59, bes. 55f

Die elementare Weisung aus Jesaja 58,7, die dem Lied zu Grunde liegt, hat auch andere Dichter angeregt, sie weiterzudenken, zu begründen und ihre Bedeutung für die Gegenwart zu benennen (vgl. *Brich dem Hungrigen dein Brot* EG 418; Kumbaya 231). Die Besonderheit von EG 420 ist seine Lapidarität. Friedrich Karl Barth bietet keine – schon gar nicht eine christliche – Motivation. Darin setzt er sich vom prophetischen Ausgangstext ab. Ohnehin nimmt er den Bonus des Zitats – Kenntnis der Herkunftsumgebung, Wahrnehmung des bei der Zitierung beabsichtigten Schwerpunkts und gedankliche Umsetzung – nicht in Anspruch. Er zitiert nicht wirklich, nimmt vielmehr den prophetischen Redemodus auf und setzt ihn mit eigenem Anspruch fort.

Schon das Eingangsbild verändert er: Statt der Austeilungsgeste des Besitzenden (*Brich den Hungrigen dein Brot*) formuliert und fordert er die brüderliche Geste des Teilens in gleicher Augenhöhe. Gebender und Empfangender sind am Vorgang des Brotbrechens beteiligt (*Brich m i t den Hungrigen dein Brot*). Dann werden die Leidenden gegenwärtig: die *Sprachlosen*, denen es die Sprache verschlagen hat vor den erlebten Gräueln oder die angesichts der Problemfülle keine Sprache zur Bewältigung finden. In der dritten Zeile die *Traurigen*, die aus dem Bann der Trauer durch ein Lied herausgelockt und zur Freiheit des Mitsingens verführt werden könnten. Und dann, wieder in gewissem Abstand zum Prophetenwort: Lass die *Einsamen* nicht allein, öffne ihnen deine Wohngemeinschaft. Und schließlich in einer fünften Textzeile der Versuch, die *Fertigen*, die sich keiner neuen Erfahrung mehr öffnen mögen, auf die Suche nach einem bisher noch nicht erreichten Ziel mitzunehmen, einem Ziel, das der Dichter selbst noch nicht kennt.

Hebt er mahnend den Zeigefinger, stellt er moralische Ansprüche im Blick auf eine ihm besser erscheinende Welt? Das wäre nicht unberechtigt und nicht unverständlich – Ausdruck eines Ethos, dessen allgemeine Plausibilität aber keineswegs gesichert ist, so dass man sein Reden als reichlich undifferenziert und daher niemanden treffend leicht zurückweisen könnte. Aber die Form des Ganzen lässt solches Urteil nicht zu. Die parlierende Vertonung von Peter Janssens nimmt die eigentliche Absicht auf: Es sind anspruchsvolle Zeilen, aber nicht Zeilen eines Anspruchsvollen. Sie sind mit dem Dichter gemeinsam zu meditieren, wiederholend ‚durchzukauen', in Erwartung aufsteigender Fragen: Was motiviert den Dichter zu solchen Impulsen, da er schon die Kenntnis des prophetischen Ursprungs weder voraussetzen kann noch dessen bedarf? Sein Lied ist eines im Gesangbuch, es nimmt teil an dessen Vielstimmigkeit und Motivfülle. Der Dichter weiß sich als einer, der unverdient Lebensgaben empfangen hat, und fühlt sich verpflichtet, andere daran teilhaben zu lassen. In solcher Umgebung gewinnen die Endworte der Zeilen spirituelle Transparenz: Brot, Wort, Lied, Haus, Ziel.

Das Lied ist gefährdet. Es lässt sich schnell selbstgerecht verfälschen. Ihm sollte immer ein Kontext zugeordnet werden, der der Verfälschung wehrt. Dazu hilft auch die schlichte, möglichst zurückhaltend zu singende syllabische Vertonung. Ein fünfzeiliger Text und eine vierzeilige Melodie, zusammengefügt zu einer im EG einmaligen Gestalt: Viermal hintereinander ist der Text zu singen, fünfmal – wegen des überschießenden Textumfangs – die Melodie, so dass jede Textzeile mit jeder Melodiezeile in wechselnden musikalischen Gesten erklingen darf. Es sind rhythmisch gleichgestaltete Zeilen, zunächst zwei nach unten schwingende Bögen, dann eine zum höchsten Ton greifende und von dort zur zweiten Stufe absteigende Linie, schließlich eine an der Grundstufe orientierte Schlusszeile: einfache Melodiebausteine in variierenden Mehrtonmotiven mit Sekunde, Terz und Quarte als vorherrschenden Intervallen, mit der Ausnahme eines Sextsprungs in der dritten Zeile, der im Text jeweils einmal die hervorhebt, denen die Zuwendung gilt. Die mittleren Zeilen enden auf der zweiten Stufe, die Randzeilen auf dem Grundton. Keine Zeile wie die andere, dennoch eine schlüssige Gestalt in logischem Rahmen: beginnend mit den *Hungrigen*, endend mit den *Fertigen* oder, noch überzeugender: mit *Ziel* als letztem Wort!

HELMUT KORNEMANN (†)

422 Du Friedefürst, Herr Jesu Christ

EG 422   EM 127

Text

Verfasser Jakob Ebert **Quelle** s. Melodie/Quelle **Überschrift** *Vm friede zu bitten.* | *D. Jacobus Ebertus.* **Ausgabe** W V 628 **Strophenbau** A8/4a A6/3b, A8/4a A6/3b, A8/4(x₁+x₁) A7/3x₂- **Abweichungen** 2,5 *dein* Vater ... ja *nicht*; 2,6 uns *wolt fahren*; 3,1 *Gedenck, HErr, Jtzundt* an; 3,4 *dieser* Frist; nach 3: 4. *Verdient haben wir alles wol*; 5. *Es ist gros elend vnd gefahr*; 6. *Da fragt man nicht nach Erbarkeit*; 7. *Erleucht doch vnsern sinn vnd hertz* **Verbindung** TM wie EG * Johann Crüger (1740; Z III,4374)

Melodie

Incipit 3_1235443_ **Verfasser** (Bartholomäus Gesius) **Quelle** *Geistliche Deutsche Lieder. D. Mart. Lutheri* (Bartholomäus Gesius), Frankfurt/Oder 1601 (DKL 1601⁰³)[1] **Ausgaben** Z III,4373; DKL III/4, H20 **Ambitus** G: 6b; Z: 54(54)44 **Abweichungen** Q: ¢; Quinte höher; mit 5st. Satz; Z. 6 N 1 *fis'* [= D-Dur, vor der Pause: A-Dur], Z. 6 N 4–7: Viertel + punktierte Viertel mit Achtel *b'a'g'* (*Va-*) Halbe *f'* (*-ter*) Viertel *e'* (*schrei-*) Ganze *f'* (*-en*) * EM: mit 4st. Satz (nach Gesius 1601) **Verbindung** MT wie EG

Literatur

HEKG (Nr. 391) I/2, 551 f.; III/2, 536–538; Sb, 580 f.; HEG II, 81 f.113–115 ** ThustB, 363/ Nf, 340; ThustL II, 313–315 ** KLL (1878–1886) I, 138; EEKM (1888–1895) I, 342; Schlunk (1951) 81 f.; DKL III (1993–2010) 4, Textbd. 366 ** RÖSSLER, Martin: Bibliographie der deutschen Liedpredigt, Nieuwkoop **1976**, 246 * WISSEMANN-GARBE, Daniela: Melodien des frühen 17. Jahrhunderts und ihr Weiterleben in den Gesangbüchern von heute, in: Hans-Otto Korth/ Wolfgang Hirschmann (Hg.), Das deutsche Kirchenlied. Bilanz und Perspektiven einer Edition. Bericht über die internationale Tagung in Mainz November 2008, Kassel **2010**, 186–202, bes. 190

Zur Zeit des Krieges um Frieden zu bitten, ist das erklärte Anliegen dieses Liedes. Als das Lied entstand, 17 Jahre vor Ausbruch des Dreißigjährigen Krieges, herrschte keineswegs nur „Ruhe vor dem Sturm". Gemeinden und Christen litten vielmehr schon länger unter wachsenden Spannungen zwischen den Konfessionen. Hinzu kamen territoriale und machtpolitische Konflikte, die teils noch in der Reformationszeit begonnen hatten und sich mit den konfessionellen Gegensätzen verbanden. Sehnsucht nach Frieden bestimmte aber schon das Lebensgefühl um die Jahrhundertwende. Archetyp singender Friedens-

---

[1] Digitalisat Bayerische Staatsbibliothek München: https://t1p.de/vhax (Bl. 197; S. 419–421 des Digitalisats; 19.1.2022).

bitte war das mittelalterliche *Da pacem domine in diebus nostris*, („Gib Frieden, Herr, zu unseren Zeiten"; Luthers Lied: *Verleih uns Frieden gnädiglich*, EG 421). Der Dichter unseres Liedes, Jakob Ebert, als Theologieprofessor in Frankfurt/Oder fürs Alte Testament zuständig, verankerte sein Friedensgebet biblisch-prophetisch in einem Jesajawort (9,5), das – ebenfalls in hymnischem Kontext – ein Kind als Friedensbringer ankündigt: als dereinst *Wunder-Rat, Gott-Held, Ewig-Vater, Friede-Fürst*. Christen sind diese Titel vertraut aus weihnachtlichen Schriftlesungen. In unserem Lied wird der *Friedefürst* in der ersten und letzten Strophe angerufen als Grund und Angelpunkt inständiger Friedenshoffnung. Allerdings werden wir das Lied nur ganz verstehen, wenn wir die vier im EG ausgefallenen Strophen mit Einsichten und Aussichten angesichts von Krieg und Frieden mit in Betracht ziehen.

4. Verdient haben wir alles wohl
und leidens mit Geduld;
doch deine Gnad größer sein soll
denn unsre Sünd und Schuld.
Darum vergib nach deiner Lieb,
die du fest zu uns trägest!

5. Es ist groß Elend und Gefahr,
wo Pestilenz regiert;
aber viel größer ist fürwahr,
wo Krieg geführet wird.
Da wird veracht' und nicht betracht'
was recht und löblich wäre.

6. Da fragt man nicht nach Ehrbarkeit,
nach Zucht und nach Gericht.
Dein Wort liegt auch zu solcher Zeit
und geht im Schwange nicht.
Drum hilf uns, Herr, treib von uns fern
Krieg und all schädlich Wesen.

7. Erleucht auch unser Sinn und Herz
durch den Geist deiner Gnad,
daß wir nicht treiben draus ein Scherz,
der unsrer Seelen schad.
O Jesu Christ, allein du bist,
der solchs wohl kann ausrichten.

Das EKG hatte noch die ursprünglichen Strophen 4 und 7 angefügt. Das EG konzentriert sich allein auf das Friedensgebet der ersten drei Strophen; es verzichtet auf theologische Reflexion, antiquierte Bilder und wohl auch auf poetische Schwächen in den weiteren Strophen, um das Lied leichter zugänglich zu machen.

Die Eingangsstrophe stellt mit der Anrede Jesu als Friedens-Fürst gleich zweifach fest, warum Jesus Christus die einzig richtige Adresse ist für unser Verlangen nach Frieden: Er will nicht nur Frieden, sondern er hat auch die Macht, Frieden zu bringen. Denn als *wahr' Mensch und wahrer Gott*, als „menschlicher Gott",[2] erweist sich Christus als *starker Nothelfer*. Er bringt Gott mitten in unsere zerstrittene Welt, engagiert ihn gleichsam für uns in seiner Person; *drum wir allein / im Namen dein / zu deinem Vater schreien*.

Str. 2 konkretisiert die *recht große Not* noch weiter: Es geht um *Krieg und Ungemach*, das ist mehr als bloße Ungemütlichkeit und Unbequemlichkeit, das ist die Hölle pur! Daraus kann *niemand helfen* als dieser Friedens-Fürst mit seinem unmittelbaren Zugang zu Gott als unser aller Vater (vgl. Röm 8,34; 1. Joh 2,1; Hebr 7,25). Genau an diesem Punkt blitzt allerdings auch die Erkenntnis auf, dass wir an unserer Not nicht unschuldig sind (vgl. Gal 6,7), sondern Anteil haben – was in der entfallenen Str. 4 noch stärker thematisiert worden war.

[2] Vgl. Karl Barth, Die Menschlichkeit Gottes (Theologische Studien 48), Zollikon-Zürich, 1956.

Im EG schließt unser Lied in Str. 3 mit einer Art Institutionalisierung jenes Friedens-Fürstentums als Friedens-*Amt*: als verlässliche Zuständigkeit und Kompetenz, von der man *jetzt und zu aller Frist* Frieden erwarten und erbitten kann: *Lass uns hinfort dein göttlich Wort / im Fried noch länger schallen.*

Der Frankfurter Kantor Bartholomäus Gesius hat diesen Text in seine geistliche Liedersammlung von 1601 aufgenommen und mit einer (vermutlich) eigenen Weise im fünfstimmigen Kantionalsatz versehen. Deren Anfangs- und Schlusszeile erinnern melodisch zwar etwas an Heinrich Isaacs *Innsbruck, ich muss dich lassen* (geradtaktige Vorlage zu EG 521 *O Welt, ich muss dich lassen*).[3] Doch bleibt das Lied ansonsten, wie im Text so auch melodisch, im übersichtlich-schlichten Rahmen einer Reprisenbarform. Die ersten vier Zeilen, durch Kreuzreim verbunden, bilden den Doppelstollen. Tonal dominiert hier die Terz *a*. Zwei Melodiezeilen umkreisen diese in Stufenschritten, syllabisch deklamierend, im Quintraum *f – c'*, sie verhalten indes am Stollenende auf jenem *a* gleichsam in der Schwebe. Der Abgesang könnte nun ebenso syllabisch in Vierteln weiterpendeln. Aber dagegen hat schon der Dichter vorgesorgt, indem er die vorletzte Zeile in zwei reimende Kurzzeilen aufteilte und damit vor allem für die Eingangsstrophe einen starken inhaltlichen Akzent setzte: *wir allein / im Namen dein*. Gesius hat das musikalisch noch herausgearbeitet, indem er sie mit einer Pause beginnen ließ und die erste Kurzzeile am Ende zur punktierten Halben dehnte, nochmals auf dem *a*! Die Schlusszeile erscheint als verkürzte Reprise des Anfangs: Der gedehnte Anfangs- und Schlusston *a* wird vermieden, der anfängliche Quintaufstieg auf einen Tetrachord *f – b* verkürzt und am Ende auf den Grundton *f* zurückgeführt. Die Melodie des ursprünglichen Chorsatzes von Gesius hat in der letzten Zeile allerdings eine Umgestaltung erfahren: Der Grundton *f* zu Anfang war zum *fis* erhöht, der Schluss zu einer Diskantklausel (s. o. die Abweichungen im hymnologischen Nachweis) erweitert. Das war Praxis in der mehrstimmigen Chormusik des 16. Jahrhunderts, nicht aber im Gemeindegesang.

JOACHIM STALMANN

---

[3] Vgl. Z II, 2293a bzw. DKL III (1993–2010) 3, Ga 4, Textbd. 322 und DKL III (1993–2010) 4, Textbd. 366.

423 Herr, höre, Herr, erhöre

Text

Verfasser Benjamin Schmolck **Quelle** *Das Jn gebundenen Seufzern Mit GOtt verbundene Andächtige Hertze* (Benjamin Schmolck) Breslau/ Liegnitz 1714[1] **Überschrift** *Die GOtt vorgetragene Nothdurfft der Heiligen* **Strophenbau** A7/3a- A7/3a- A6/3b A7/3c- A7/3c- A8/4b vgl. Frank 6.9 **Abweichungen** V. 4 hat im EG jeweils 2 Silben mehr, in der Q nicht vorhandene Silben werden im folgenden ggf. in eckige Klammern gesetzt 1,4 *die drey* Stände; 1,6 *Beschütze Kirch* und Haus; 2,4 *für* allen; 2,6 allen [deinen] Feinden; 3,3 die *beydes* Täter; 3,4 und *Begüssen*; Gedeihen *flüssen*; 3,6 reichlich [Früchte] ein; nach 3: *4. Gieb unserm Kayser Glücke*; 4,6 *Ja* segne [beide] *Herr* und Knecht; 5,6 *deine* [milde] Hand; 6,2 *Feinde müde*; 6,4 *theure* Zeiten; 6,6 nach *Brodte* ruft; 7,6. [zu dir] um Hilfe; 8,1 *Sey allen Kindern Vater*; 8,2 *Der Schwangeren Entbinder*; 8,3 *Der Säugenden* Gedeih; 8,4 *Zeuch unsre zarte* Jugend; 8,6 Eltern [ihrer] freun; 9,1 *zu* Kranken; 9,6 geduldig [mögen] überstehn; 10,5 *im Friede* fahren; 10,6 *Zu Zions* Herrlichkeit; 11,5 *unsers Jesu* Namen; 11,6 So ist *der Wunsch* gewährt **Verbindung TM** in der Q ohne M * Z II,2284 (1744) * Z II,2290a (1857)

Melodie

s. *O Welt, ich muß dich lassen* (EG 521)

Literatur

HEKG (Nr.394) III/2, 542–544; Sb 583; HEG II, 277f ** ThustB, 364/ Nf, 341; ThustL II, 315–317 ** KLL (1878–1886) I, 267; Nelle ([3]1924/1962) Nr. 467; RößlerL ([2]2001) 672 ** NELLEG [4]1962, 244 * SAUER-GEPPERT **1984**, 19 * WITTENBERG, Andreas F.: „Fürchtet Gott, den König ehret…" Die Obrigkeit im Spiegel des deutschen evangelischen Gesangbuchliedes, JLH 35 (**1994/95**) 172 f.191.202.205 * SCHEFFBUCH, Beate und Winrich: Den Kummer sich vom Herzen singen. So entstanden bekannte Lieder (Bd. I), Holzgerlingen [8]2003, 181–187 (bes. 185)

„Das in gebundenen Seuffzern mit Gott verbundene Andächtige Hertz" (1714), in dem der Text *Herr höre, Herr, erhöre* veröffentlicht wurde, ist ein Andachtsbuch. In der Zuschrift an die Leserschaft mit der Anrede „Andächtiges Herz" bezeichnet Schmolck den Inhalt des Büchleins als „meine Hauß-Andachten" und begründet dann, warum es sich um „Reim-Gebetlein" handelt: „An eine gebundene Redens-Art kan man das Gedächtniß besser binden." Das spätere Lied ist Teil eines längeren Abschnitts, der „Kirchen-Gebete vor der Predigt" und „Kirchen-Gebete nach der Predigt" enthält.[2] Hier bietet Schmolck Gebete für alle Teile des Predigtgottesdienstes, wobei Hinweise auf eine kon-

---

[1] Digitalisat Staatsbibliothek zu Berlin: https://t1p.de/5hi4r (S. 135; 13.04.2022).
[2] Textquelle (s. o. den hymnologischen Nachweis), 119–125 (vor der Predigt), 130–138 (nach der Predigt).

krete Predigt oder auf Lieder fehlen. Der Gottesdienst kann so betend vollzogen werden. *Herr, höre, Herr, erhöre* ist ausweislich der Überschrift „Die GOtt vorgetragene Nothdurfft der Heiligen" das Fürbittengebet. Das Gebet ist – wie mehrere andere auch – in Strophen gegliedert, ihm ist aber in der Quelle keine Melodie zugewiesen.

Schmolck folgt mit seinem Text im Wesentlichen dem Allgemeinen Kirchengebet, wie es sich in lutherischen Kirchen seit dem 16. Jh. ausgeprägt hat:

> Das Allgemeine Kirchengebet umfaßt, soweit wir es zurückverfolgen können, im wesentlichen drei Fürbitte-Gruppen, nämlich: Die Fürbitte für die Kirche und ihre Diener, die Fürbitte für die Reiche der Welt und ihre Obrigkeit, die Fürbitte für die Notstände und Notleidenden aller Art. Die erste umschließt auch die Fürbitte um die Einheit und Einigkeit der Kirche, um ihre Ausbreitung in alle Welt, um Festigkeit wider ihre Feinde und um äußere und innere Befriedung, auch um den Segen des Wortes Gottes und seiner heiligen Sakramente. Die zweite hat den Gesamtbereich der Anliegen der vierten Vaterunser-Bitte zum Gegenstand und bittet nicht nur für die Obrigkeit [...], sondern auch für die Aufrechterhaltung der Ordnung durch sie, für die rechte Verwaltung des Rechtes, um Gottes Segen für Volk und Land, für Ehe, Familie und die Erziehung der Jugend, um den Frieden der Völker, um Gesundheit, gut Wetter, Abwehr von Schaden aller Art, für Saat und Ernte, für Arbeit und Beruf. Die dritte gedenkt der Angefochtenen in allen Lebensbereichen. [...] Alle kasuellen und lokalen Nöte werden hier Gegenstand der Fürbitte.[3]

Der Beginn des Liedes kennzeichnet alles Folgende als eine solche Fürbitte. Wer sich fürbittend an Gott wendet, erwartet nicht nur, *gehört*, sondern auch, *erhört* zu werden. Die Fortsetzung lässt die erste Bitte des Vaterunser anklingen: *breit deines Namens Ehre an allen Orten aus.* Summarisch nennt Schmolck dann die Lebensbereiche, die in das Gebet eingeschlossen werden: *Behüte die drey Stände* (orig.). Die mittelalterliche Ständeordnung unterschied „Lehrstand" (Klerus), Wehrstand (Adel) und Nährstand (Bauern). Im 18. Jh. waren die Grenzen längst fließend geworden, und so ergänzt Schmolck im letzten Vers der ersten Strophe: *Beschütze Kirch und Hauß* (orig.). Mit der späteren Erweiterung zu *beschütze Kirche, Obrigkeit und Haus* ist die lutherische Dreiständelehre präzise in das Lied eingetragen worden.

Die Bitte um die Ausbreitung des *Wortes* (Str. 2) und für die *Lehrer* und *Hörer* (Str. 3) bezieht sich auf den „Lehrstand" und die erste Gruppe von Bitten nach dem Allgemeinen Kirchengebet. Schmolck formuliert in Str. 3 unter Rückgriff auf Jak 1,22 und 1. Kor 3,6f. Der biblische Kontext gibt zu erkennen, dass auch der zweite Teil der Strophe allein auf die Ausbreitung des göttlichen Wortes zielt. Ganz ähnlich heißt es schon am Ende des Gebets „vor der Predigt":

> Wenn also Paulus pflanzt,/ Apollo wohl begießet,/ so setze du, o Herr,/ selbst das Gedeyen bey [...] Den Lehrer wollest du/ mit Mund und Weißheit schmücken,/ daß er mit Freudigkeit/ sein theures Amt verricht,/ und alle Worte mag/ in unsre Seele drücken. So fehlt alsdenn die Frucht/ und das Gedeyen nicht. Amen![4]

---

[3] Otto Dietz, Das Allgemeine Kirchengebet, in: Leiturgia II, 421.
[4] Wie Anm. 2, 123.125.

Die nun folgende Strophe (4 orig.) ist seit dem DEG 1915 aus dem Gesangbuch ausgeschieden worden. Sie war bis ins 20. Jh. hinein bei Bedarf angepasst worden. Aus dem Kaiser wurde der König und *unser Zion* fiel ersatzlos weg.

Gieb unserm Käyser Glücke,	*Gib unserm König Glücke;*	*Du wollst uns hoch beglücken,*
Laß seine Gnaden-Blicke	*Laß deine Gnadenblicke*	*Mit hellen Gnadenblicken*
Auf unser Zion gehn.	*Auf den Gesalbten gehn;*	*Auf unsern König seh'n;*
Schütz ihn auf seinem Throne,	*Sein Herz laß dein sich freuen,*	*Ihn schützen auf dem Throne,*
Und lasse seine Krone	*Sein Land stets im Gedeihen*	*uf seinem Haupt die Krone*
In vollem Glantze stehn. (orig.)	*Und segensvollen Glanze stehn.*[5]	*In vollem Glanze lassen steh'n.*[6]

Mit dieser Strophe beginnt die Fürbitte für den „Wehrstand" und das allgemeine Wohlergehen, die bis zur heutigen 6. Strophe reicht. In unsere 4. Strophe (*dass Fried und Treu sich müssen / in unserm Lande küssen*) ist Ps 85,11 eingeflossen. In der 5. Strophe schlägt sich Ps 145,15 f nieder, wobei die Formulierung *milde Hand* nicht direkt biblisch, aber in der Lieddichtung gängig ist (vgl. EG 389,4). Dass in Str. 6 die Bitte *lass keine teuren Zeiten / auf unsere Grenzen schreiten* mit der Friedensbitte verbunden wird, ist einleuchtend. Kriegszeiten sind *teure Zeiten* mit unsicheren Grenzen (Gebiete).

In den nächsten Strophen 7–10 ist der „dritte", der „Nährstand" nicht ausdrücklich berücksichtigt. Ausführlich behandeln die Strophen dagegen die Bedürftigen und ihre Nöte. Schmolck zeigt sich hier als Seelsorger seiner Gemeinde, der die Sorgen und Beschwernisse der ihm anvertrauten Menschen im Blick hat und in das Gebet einschließt. Die letzte Strophe schließt das gesamte Gebet mit der Zuversicht ab, dass ein dem Willen Gottes entsprechendes Gebet auch erhört wird (Joh 16,23; 1. Joh 5,14).

Zum Lied wurde das Gebet erst, als man es 1731 in ein Nürnberger Gesangbuch aufnahm. Die Melodie *O Welt, ich muss dich lassen* erforderte allerdings, die letzte Zeile jeder Strophe um zwei Silben zu erweitern. Dabei blieb der Inhalt abgesehen von der ersten Strophe im Wesentlichen unverändert.

ILSABE ALPERMANN

---

[5] Albert Knapp, Evangelischer Liederschatz, 1. Aufl. 1837, Bd. 2, Nr. 1829.
[6] Albert Knapp, Evangelischer Liederschatz, 3. Auflage 1865, Nr. 1715.

427 Solang es Menschen gibt auf Erden

EG 427ö   GL2 425ö   KG 579ö   CG 846ö   EM 91ö

Text

Verfasser Dieter Trautwein **Entstehung** 1966, revidiert 1972 (Meyer ²1997, 306) **Vorlagen** *Zolang er mensen zijn op aarde* von Huub Oosterhuis (1958) 1960 **Quellen** (a) *Gott schenkt Freiheit. Lieder im Gottesdienst der Jugend für die Gemeinde. Heft II*, Frankfurt am Main 1966 * (b) *Lieder zum Kirchentag*, Frankfurt am Main 1975 **Überschrift** (a) *Solang die Menschen Worte sprechen – zu Matthäus 5. u. 6, 25–34* **Strophenbau** $A9/4x_1$- $A8/4x_2$ $A9/4x_3$- $A8/4x_4$ vgl. Frank 4.67 (dort abweichendes Reimschema) **Abweichungen** (a) Strn. 1 und 2 vertauscht, Str. 4 fehlt **Verbindung TM** (a+b) wie EG * weitere: in der Melodiequelle (s. u.) ist die Melodie von Tera de Marez Oyens als zweite abgedruckt, voraus geht eine als „Lyon 1548" bezeichnete (Genfer Melodie zum Zehn-Gebote-Lied, vgl. EG 255)

Melodie

Incipit 5_ 5_35_312 3_3_ **Verfasserin** Tera de Marez Oyens **Entstehung** 1958 auf Bitte von W. Barnard für die Amsterdamer Nocturnen (Meyer ²1997, 210) **Quellen** (a) *30 Liederen voor een Niederlandse Liturgie door Huub Oosterhuis*, Hilversum 1964 * (b+c) wie Textquelle a+b **Ambitus** G: 7b; Z: 5557b **Abweichungen** (a) über den Noten verbal *alla breve*; nach Schlussnote halbe Pause * (b+c) halbe Notenwerte; durchgehend ⁴/₄-Takt – dadurch werden Z. 4 N 4 und 8 als Synkopen mit Haltebogen über den Taktstrich notiert, nach der Schlussnote folgt in (b) eine Halbe-, in (c) korrekt eine Viertelpause; mit unterschiedlichen Akkordbezeichnungen meist auf 1 und 3 (Takt 1+3+5+7 des EG wären damit Synkopen) * (b) außerdem Betonungsstriche in Z. 1 N 4+6+9 (Wechsel zu 3 Zählzeiten in Takt 1) * GL2: Ton tiefer * EM: mit 4st Satz (Dieter Kanzleiter 2000) **Verbindung MT** (a) *Zolang er mensen zijn op aarde* * (b) wie EG, aber unter dem Titel *Solang die Menschen Worte sprechen* (EG Str. 2) * (c) wie EG, außerdem: *While still the world is full of people* (F. Kaan)

Literatur

HEG II, 209 f. 235 f. 327–329 ** WGL1 III, 165; RGL1, 667; ThustB, 365 f/ Nf, 342 f; ThustL II, 322 f; Een Comp, 1117 f ** NSKA (1971 f.) 1.1; Meyer (²1997) 210.305 f ** WYRSCH, Arnim: Das geistliche Lied in Schule, Gottesdienst und Unterricht, in: Singen und Musizieren im Gottesdienst. Zs. für Musik in der Liturgie 126 (**2001**) H. 4, 169–172 * EVANG, Martin: Monatslieder. Liturgische Anregungen für das Kirchenjahr 2011/2012, Thema: Gottesdienst 35 (**2012**) 58–68, bes. 63–65 * PFEIFER, Michael: Solang es Menschen gibt auf Erden, in: LGL2 **2017**, 1030–1033

Solang es Menschen gibt auf Erden ist ein Gebetslied, in dem die Singenden Gott dafür danken und ihn dafür preisen, dass er die geschaffene Welt und die Menschen fürsorglich erhält und durch Jesus Christus vom Tod errettet. *Vater* (1,3; 5,3) heißt Gott dabei in der

Doppelperspektive des ersten und des zweiten Glaubensartikels, sowohl als Schöpfer und Erhalter wie auch als der Vater Jesu Christi. Dass das Lied im EG in der Rubrik „Erhaltung der Schöpfung" erscheint, trifft seinen Charakter präzise; davon, dass es in der Verantwortung der Menschen liege, die Schöpfung zu ‚bewahren', handelt das Lied nicht.[1]

Der deutsche Text ist eine recht getreue Wiedergabe des 1958[2] von Huub Oosterhuis geschaffenen niederländischen Liedes *Zolang er mensen zijn op aarde*. Dieter Trautwein, der sich in den 1960er Jahren als Stadtjugendpfarrer in Frankfurt am Main der liturgischen Erneuerung verschrieben hatte und Kontakte zu gleichgesinnten Kreisen in den Niederlanden unterhielt, schrieb eine erste Version im Jahr 1966. In ihr stellte er die beiden ersten Strophen um und ließ die vierte weg. In einer Überarbeitung 1972 glich er seine Übertragung dem Original an.[3] Beide Versionen verbreiteten sich rasch; mit der Aufnahme ins Kirchentagsliederheft sowie in GL1 1975 setzte sich aber die überarbeitete, dem Original nahe Fassung durch.[4]

Das Lied ist ein mit biblischen Motiven gesättigtes hymnisches Gebet. Es weist eine klare Gliederung auf. Die beiden ersten Strophen bestehen in den (auch melodisch identischen) Anfangszeilen aus zwei temporalen Nebensätzen *solang ... solang...* (Z. 1 und 2). Sie münden jeweils – mit emphatischem *so lang* die Aussagen aufgreifend – in einen bekenntnisartigen Aussagesatz: *so lang bist du ... so lang hast du ...* (Z. 3). Beide Strophen enden mit einer eigenständigen Dankbekundung (Z. 4), die in der zweiten Strophe *in Jesu Namen* erfolgt.

Ist die erste Strophengruppe eher betrachtend-reflektierend, so reiht die zweite (Str. 3 und 4) nicht weniger als acht Prädikationen aneinander: *Du nährst ... Du schmückst ...* usw., um in der letzten Zeile der 4. Strophe – wiederum mit explizitem Bezug auf Jesus Christus – bekenntnisartig zu schließen: *er ist das Brot, das uns vereint*.

Mit schlussfolgerndem *Darum* einsetzend, bringt die fünfte Strophe die Beziehung Gottes zu den Menschen, die in diesem Gebet hymnische Resonanz findet, verdichtet zum Ausdruck: *Darum muss jeder zu dir rufen, / den deine Liebe leben lässt: / Du Vater, bist in unsrer Mitte, / machst deinem Wesen uns verwandt*.

Solang (1,1.2; 2,1.2): Das Aussagengefüge der beiden ersten Strophen knüpft frei an 1. Mose 8,21 f an, die feierliche Präambel des Noahbundes am Ende der Sintflut: *Ich will hinfort nicht mehr die Erde verfluchen um der Menschen willen; denn das Dichten und Trachten des menschlichen Herzens ist böse von Jugend auf. Und ich will hinfort nicht mehr schlagen alles, was da lebt, wie ich getan habe. S o l a n g e die Erde steht, soll nicht aufhören Saat und Ernte, Frost und Hitze, Sommer und Winter, Tag und Nacht*. Str. 1 des Liedes erinnert vergewissernd an diese der Welt und den *Menschen* in all ihrer Fehlbarkeit und Hinfälligkeit geltenden Zusage Gottes. Aus dem andauernden Bestand der Schöpfung

---

[1] Michael Pfeifer hält die Einordnung in die Rubrik „Vertrauen und Trost" in GL2 (bzw. „Vertrauen und Bitte" in GL1) für sachgemäßer als die im EG; Pfeifer 2017, 1033.

[2] Wim Kloppenburg korrigiert in einem in den Akten der „Liederkunde zum EG" enthaltenen Typoskript: „November 1959; nicht 1958, wie irrtümlich im Compendium". Dort (Een Comp 1117 f) wird vermerkt, es sei das erste von Oosterhuis geschriebene Kirchenlied, und werden die näheren Umstände seiner Entstehung mitgeteilt. Vgl. dazu auch ThustL II, 322 f; Pfeifer 2017, 1031.

[3] Zur Übersetzungsgeschichte vgl. Trautwein in: Meyer, 250 f.

[4] Zur Verbreitungsgeschichte vgl. Pfeifer 2017, 1032 f.

wird geschlossen, dass Gott ihr weiterhin verlässlich zugewandt ist: *So lang bist du uns allen Vater* (1,3). *Uns allen*: Es ist die ganze Menschheitsfamilie, die ihr Dasein dem *Vater* – Gott als Schöpfer und Erhalter – verdankt.

Str. 2 setzt in diesem Horizont Akzente – aber Trautwein etwas anders als Oosterhuis. Der katholische Dichter verortet die verlässliche Gegenwart Gottes in der menschlichen Betätigung und Bewährung der Humanität in Wort und Tat: *Zolang de mensen woorden spreken,/ zolang wij voor elkaar bestaan* („Solang die Menschen Worte sprechen, / solang wir füreinander existieren"). Der evangelische Übersetzer, skeptischer gegenüber der gelebten Solidarität der Menschen, verweist hingegen komplementär zu den Worten, die Menschen sprechen, auf das Wort Gottes: *Solang die Menschen Worte sprechen, / solang dein Wort zum Frieden ruft*. Indem die Danksagung *wir danken dir für das, was lebt* (1,4) sich zu *In Jesu Namen danken wir* (2,4) profiliert, wird deutlich, dass *solang dein Wort zum Frieden ruft* (2,2) nicht allein den Anspruch, sondern grundlegend den Zuspruch meint: *Er [Christus] ist unser Friede* (Eph 2,14; vgl. Lk 2,14). Das Evangelium – *dein Wort*, das *zum Frieden ruft* – vergewissert der anhaltenden fürsorglichen Gegenwart Gottes.

Du nährst (3,1) usw.: Die Strophen 3 und 4 sind von Texten der Evangelien inspiriert. Str. 3 bezieht ihre Motive zunächst aus dem Abschnitt der Bergpredigt, in dem Jesus dem Sorgen entgegentritt (Mt 6,25–34; vgl. Lk 12,32–31): *Du nährst die Vögel in den Bäumen./ Du schmückst die Blumen auf dem Feld* (vgl. Mt 6,26.28 f.). Trautwein verbleibt in seiner Übertragung ausdrücklich im semantischen Feld von *Sorget nicht* (Mt 6,25.34): *Du machst ein Ende meinem Sorgen,/ hast alle Tage schon bedacht* (3,3 f). Bei Oosterhuis klingen eher Psalmmotive an: *o Heer, Gij zijt mijn onderkomen / en al mijn dagen zijn geteld* („o Herr, du bist meine Bleibe [Unterkunft; Zuflucht],/ und alle meine Tage sind gezählt"; vgl. Ps 90,1; 84,4; vgl. auch Mt 10,30). Bei beiden, Trautwein wie Oosterhuis, singen im Dankgebet der Gemeinde an dieser Stelle aber die Menschen einzeln und für sich; hier – und nur hier – wechselt der Plural in den Singular.

Str. 4 betritt mit *Licht* (vgl. Ps 27,1) und *Leben* (Oosterhuis: *eeuwig leven*) den soteriologischen Motivkreis des Johannesevangeliums (vgl. 1,4 f.9; 3,16 f; 7,24 f; 8,12; 14,6). Während die Strophe bei Oosterhuis ganz darin verbleibt („Du bist unser Licht, unser ewiges Leben,/ du rettest die Welt von dem Tod [vgl. 2. Kor 1,10]./ Du hast uns deinen Sohn gegeben,/ sein Leib ist das lebendige Brot"; hierzu vgl. bes. 6,51), formuliert Trautwein doppelsinnig dicht: *gibst deinen Sohn in unsre Hände* – nämlich den *Sohn* als Opfer (victim) *und* als sakramentale Gabe (sacrifice); und: *in unsre Hände*, die ihn ans Kreuz schlagen *und* als Lebensgabe empfangen. Auch mit der Schlusszeile der Strophe *er ist das Brot, das uns vereint*, gelingt Trautwein eine von der Vorlage abweichende prägnante abendmahlstheologische Sentenz: In der Teilhabe an dem *einen* Brot (wie dem *einen* Kelch), also an dem *einen* Christus ist die *Gemeinde* und die ganze Kirche *vereint*.

Str. 5: Aus der *Liebe* Gottes zu leben – geschaffen, erhalten, versorgt, gerettet bzw. erlöst – und dessen inne zu sein, führt in der Logik des Liedes zwangsläufig (*muss* 5,1) zur Anrufung, ja, zur Anbetung (Oosterhuis: *Daarom moet alles U aanbidden,/ uw liefde heeft het voorgebracht*). Biblisch klingen hier etwa mit: *Alles, was Odem hat, lobe den Herrn* (Ps 150,6); *Es werden ... vor ihm anbeten alle Geschlechter der Heiden* (Ps 22,28); vielleicht aber auch, im Ausstrahlungsbereich der ‚johanneischen' 4. Strophe: *... die ihn* *anbeten, müssen ihn im Geist und in der Wahrheit anbeten* (Joh 4,24). Nicht von ungefähr wird jedenfalls, was den Inhalt der Anrufung (Trautwein) bzw. Anbetung (Oosterhuis) betrifft, auf die Passage der Rede des Paulus auf dem Areopag zurückgegriffen: *Fürwahr, er ist nicht ferne von einem jeden unter uns. Denn in ihm leben, weben und sind wir; wie auch einige Dichter bei euch gesagt haben: Wir sind seines Geschlechts* (Apg 17,27f). Mit diesem ins Gebet gewendeten Zitat endet Oosterhuis' Lied: *o Herr, wij zijn van uw geslacht*, und Trautwein nuanciert paraphrasierend: *machst deinem Wesen uns verwandt*. Wenn beide zuvor gleichlautend bekennen: *Vader, Gijzelf zijt in ons midden* bzw. *Du, Vater, bist in unserer Mitte*, klingt dies fast wie eine Anspielung auf Tersteegens Lied *Gott ist gegenwärtig, lasset uns anbeten und in Ehrfurcht vor ihn treten. Gott ist in der Mitte …* (EG 165,1; vgl. 7: *dass ich deine Klarheit / schauen mag in Geist und Wahrheit*). Ein mystischer Ton schwingt mit in diesem ökumenischen[5] Gebetslied von Oosterhuis und Trautwein. Die Gemeinde vergewissert sich dessen, was sie singt, indem sie es singt: dass Gott es gut meint und gut macht mit den Menschen und mit der geschaffenen Welt, in der sie leben.

Mehr als zwanzig Jahre nach seiner Übertragung des Textes von Huub Oosterhuis und der Überarbeitung seiner Erstfassung richtet Dieter Trautwein eine Fülle von theologischen Fragen an das Lied. Eigentlich könne man – so der Duktus – dieses Lied nicht mehr (bzw. nicht mehr so) singen. „Aber doch", schließt Trautwein, „ich liebe dieses Lied, weil es gegen den Strich aller Anfragen und Zweifel mit dem Trotz des Glaubens gesungen werden will, der tiefe Freude aufkommen und atmen lässt."[6] Dem ist hinzuzufügen, dass der „Trotz des Glaubens" nicht widervernünftig ist, sondern auf Gründe verweisen kann, die sich aus der biblischen Botschaft nähren und auch einer Fülle von Gegenerfahrungen standhalten können.

Martin Evang

Die Melodie ist hauptsächlich aus den Tönen des Grunddreiklangs (F-Dur) und der parallelen Molltonart (d-Moll) gebildet – Grundtonart in den Zeilen 1 und 2, Parallele in Zeile 3, beide kombiniert in Zeile 4. Dies ergibt eine Art parataktischer Harmonik, im Unterschied zur üblichen tonalen Tonika-Dominante-Polarität. Alle Akzente liegen auf den Tönen dieser beiden Dreiklänge mit der bezeichnenden Ausnahme des *g* in der Mitte der letzten Zeile, das eine melodische Dominantspannung zur Vorbereitung des Schlusses aufbaut. Dieser wird aber weder von oben noch von unten in einem Sekundschritt erreicht, wie es für die tonale Harmonik üblich wäre, sondern aus der Unterterz und aus dem Dreiklang der Parallele. Aus dieser Anlage ergibt sich eine fast durchgehend pentatonische Tonordnung, d. h. ohne Halbtonschritte. Einzige Ausnahme ist das *e* in

---

[5] In der AÖL wurde das in GL1 (300) enthaltene Lied 1977 für die Aufnahme in das geplante Kinderliederbuch vorgesehen (und dadurch zum Ö-Lied), 1981 aber aus der Liste für „Leuchte, bunter Regenbogen" wieder gestrichen. 1987 wurde es bei der Beratung der Vorläufigen Liste für ein neues Evangelischen Gesangbuch und erneut 2009 – offenbar im Zuge der Vorbereitung von GL2 (425) – in der Fassung von GL1 als Ö-Lied bestätigt.
[6] Meyer ²1997, 306.

Zeile 3, das aber einerseits auf unbetonter Taktzeit liegt und sich andererseits aus der Entsprechung zum Schluss der Zeilen 1 und 2 ergibt. Die ganze Zeile 3 ist ja mit den ersten Zeilen in der Tonführung identisch, um eine Terz nach unten versetzt.

Die rhythmische Gestaltung ergibt sich in geradezu klassischer Art aus dem Textmetrum. Die Zeilen 1 bis 3 beginnen mit der häufig zu beobachtenden jambischen Auftaktdehnung; sie bewirkt, dass die zweite Silbe, also die erste Akzentsilbe, eindeutig auf einer betonten Taktzeit gehört wird. In allen Zeilen folgt darauf eine Passage mit quantitierendem Rhythmus, d. h. der Verlängerung der Akzentsilben, während die weitere Fortsetzung dann auf den wiederum gedehnten Schlussakzent hinläuft. Es stellt sich die Frage, ob der Wechsel zwischen Halben und Vierteln nicht als Synkope aufzufassen sei. Das wäre natürlich möglich, ist aber vom Text her besser als Quantitierung mit Wechsel der Grundpulslänge (Halbe und punktierte Halbe) zu interpretieren. Das gleichmäßige rhythmische Schema ist dadurch gebrochen, dass anstelle der deutlichen Zäsuren nach den Zeilen 1 und 2 zwischen den letzten beiden Zeilen eine unmittelbare Verbindung besteht, die die Auftaktdehnung überflüssig macht.

Die nichtfunktionale Tonordnung, der geringe Ambitus einer Septime und die weitgehend pentatonische Gestaltung weisen die Melodie in den Bereich des Kinderliedes oder des einfachen Volksliedes, während die rhythmische Gestaltung an die Prinzipien des traditionellen Kirchenliedes erinnert, wie sie etwa bei Johann Crüger zu beobachten sind. Die Kombination beider Stilbereiche hat in diesem Fall zu einem eigenständigen Resultat geführt, das in einer spielerischen Leichtigkeit den Singenden entgegenkommt. Wer es lieber etwas gewichtiger hat, kann den Text auf die Melodie des Genfer Zehngeboteliedes singen, so wie es das niederländische „Liedboek" von 1973 als Variante vorschlägt (zu finden bei EG 255).

ANDREAS MARTI

429 Lobt und preist die herrlichen Taten des Herrn

EG 429(ö)

Text

Verfasser Diethard Zils **Vorlagen** Offb 21,15; Jes 32,15–17 **Quelle** *SCHALOM. Ökumenisches Liederbuch*, Gelnhausen/ Berlin 1971 **Strophenbau** rhythmisierte Prosa **Verbindung TM** wie EG

Melodie

Incipit 1_13_3 2321-61 2_ **Verfasser** Lucien Deiss **Quelle** *Louange de gloire* [Musique imprimée]. [Antiennes et psaumes. Traduction rythmée du P. Jacques Leclercq. Illustrations de Gwen-Aël Le Part, musique copiée par René Coulomb et Roger Heyraud. Pour voix solo, choeurs a capella à 4 voix] (P. Lucien Deiss), Paris 1954 / Psaume et cithare [Psaumes et cantiques. Traduction rythmée des P. P. François Vallery-Radot et Jacques Leclercq. Illustrations du P. Louis Rigolet, musique copiée par le P. Jean Godard. Pour voix solo, choeurs à capella à 4 voix] (Lucien Deiss), Paris [1953][1] **Ambitus** G: 9; Z: 56(Kv)88(Str) **Verbindung MT** *Acclame Dieu, toute la terre / Terre entière Chante ta joie au Seigneur* * weitere: *All you nations, sing out your joy to the Lord* (in: Biblical Hymns and Psalms (Lucien Deiss), Cincinnati ⁵1969)

Literatur

HEG II, 74 (Ergänzungen von Wolfgang Herbst in: JLH 38 [1999],255 und 49 [2010],217) 357f ** ThustB, 367/ Nf, 344; ThustL II, 326f ** SCHULZ, Walter: Die Botschaft von der Herrschaft Gottes in neuen Liedern, Der Kirchenchor 52 (**1992**) 43f * SEIBT, Ilsabe: Monatslieder. Liturgische Anregungen für das Kirchenjahr 2013/2014, in: Thema: Gottesdienst 38 (**2013**) 93–94

Der Dominikaner und Priester Diethard Zils schuf ein Kehrverslied mit sechs Strophen, das durch und durch von biblisch-prophetischer Sprache geprägt ist. Der Kehrvers *Lobt und preist die herrlichen Taten des Herrn, Halleluja, Halleluja* gibt dem gesamten Lied seine Grundausrichtung auf das Gotteslob hin als Aufforderung und Vollzug zugleich.

Die sechs Strophen des Liedes sind durchgängig als Gottesrede gestaltet. Sie gliedert sich in zweimal drei Strophen, was der wortgleiche Beginn der ersten und vierten Strophe *So spricht der Herr* zeigt. In den Strophen 1–3 ist die Gottesrede auf das für die Zukunft versprochene göttliche Handeln und dessen Wirkungen gerichtet: *Neu will ich machen* (Str. 1) – *Jubel wird sein* (Str. 2) – *Friede wird sein* (Str. 3). Die erste Strophe

---

[1] Die Ausgaben sind bibliographisch belegt: https://catalogue.bnf.fr/ark:/12148/cb39725280g / https://catalogue.bnf.fr/ark:/12148/cb39724322b (31.8.2022)], konnten aber nicht eingesehen werden. Daher sind hier keine Abweichungen und auch keine Überschrift benannt.

setzt einen scharfen Kontrast zwischen dem umfassend neuschaffenden Handeln Gottes (*Himmel und Erde*) und *dem Alten*, das sich nicht nur niemand zurückwünscht, sondern von dem sogar gesagt werden kann: *es ist vergessen* (vgl. Jes 65,17). Es spielt also keine Rolle mehr, das Alte hat nicht mehr die Kraft, die Veränderung zum Neuen hin zu beeinflussen oder gar zu verhindern (vgl. 2. Kor 5,17). Die zweite Strophe kündigt den Jubel darüber an, der überall, *in allen Ländern* ausbrechen wird.

Die zweite und dritte Strophe sind in ihrem jeweils ersten Teil parallel gebaut: *Jubel wird sein in allen Ländern, Jubel und Freude – Friede wird sein für alle Menschen, Friede und Freiheit*. In Str. 2 wird *Jubel* durch den sachlich naheliegenden Begriff *Freude* verstärkt. Der Grund für *Jubel* und *Freude* ist die göttliche Ankündigung, die *Stadt der Menschen* zu bauen, die eine *Stadt des Friedens* sein wird. Damit ist der Anschluss zur dritten Strophe gesetzt. Es ist das Wort *Friede*, das in den beiden kurzen Strophen dreimal vorkommt. So wird der göttlich verbürgte Friede zum eigentlichen Versprechen des Liedes, wie die letzte Strophe zeigt. Die dritte Strophe verbindet *Friede* mit *Freiheit*. Das Ziel des göttlichen Handelns ist klar formuliert: *diese Welt wird endlich bewohnbar für einen jeden*. *Freiheit* heißt also, dass alle Menschen sich entfalten können und selbstbestimmt leben sollen. Erst das macht die Welt bewohnbar für alle. Hier berührt das Lied deutlich den politischen Bereich und formuliert über die göttliche Zukunftsvision hinaus einen Anspruch für die Gegenwart. Auch darin schließt es sich biblisch-prophetischer Sprechweise an.

Im EG wird Offb 21,1.5 als biblischer Bezug für die erste Strophe angegeben: *Und ich sah einen neuen Himmel und eine neue Erde … Und der auf dem Throne saß, sprach: Siehe, ich mache alles neu* (V. 1a.5a).[2] Auch der zweite Teil der ersten Strophe scheint Motive aus Offb 21 aufzunehmen: *Und er wird abwischen jede Träne …; denn das Frühere ist vorbei* (V. 4). Str. 2 und 3 schöpfen aus der eschatologischen Verheißung für Jerusalem in Verbindung mit der Erwartung des Messias und des kommenden Völkerfriedens am Zion (vgl. Mi 4,1.2). *Du machst groß ihren Jubel und gewaltig ihre Freude. Sie freuen sich vor dir* (Jes 9,2a); *Jerusalem, du Stadt, so herrlich erbaut … Erfleht für Jerusalem, was ihm dienet zum Frieden! Allen, die dich lieben, ergehe es wohl! Friede herrsche in deinen Mauern* (Ps 122,3a.6.7a). Zu denken ist auch an die Heilsvision in Jes 35,10: *Mit Jauchzen kommen sie nach Zion, und ewige Freude ist auf ihrem Haupt*. In Ps 72,7 heißt es vom zukünftigen König: *In seinen Tagen erblüht Gerechtigkeit, die Fülle des Friedens*.

Der Neueinsatz bei der Gottesrede in der vierten Strophe lenkt den Blick zurück auf das, was Gott bereits getan hat. Der Kehrvers *Lobt und preist die herrlichen Taten des Herrn* erweckt zunächst den Eindruck, dass diese Taten bereits geschehen seien. Das Lied lehrt unaufdringlich, dass Gottes Zeit von unseren menschlichen Vorstellungen vom Lauf der Zeit grundlegend abweicht. Das Entscheidende ist die Ausrichtung auf die Zukunft (Str. 1–3). Der Rückblick auf die Schöpfung in Str. 4 hat in diesem Zusammenhang die Funktion eines Abgleichs des ursprünglichen göttlichen Willens mit dem, was daraus geworden ist: *ich schuf die Erde, schuf sie zur Wohnung für alle Menschen,*

---

[2] Die biblischen Zitate sind der Jerusalemer Bibel [7]1968 entnommen, die vor der Einheitsübersetzung die im katholischen Bereich meistgenutzte Bibelübersetzung war. Es ist anzunehmen, dass Diethard Zils daraus geschöpft hat.

doch nicht zur Wüste. Es ist ein Kennzeichen der Heilszeit, dass die Wüste bewohnbar wird: *Denn in der Wüste brechen Wasser hervor und Ströme in der Steppe* (Jes 35,6). Gottes ursprünglichem Schöpferwillen wird in der Heilszeit erneut Geltung verschafft. Die Wüsten, die menschliches Tun hinterlassen haben, werden wieder zu bewohnbaren Lebensräumen, die allen Menschen würdevolles Leben ermöglichen. Die fünfte Strophe verheißt den Geist in einem zeitlichen Kontinuum zwischen Gegenwart und Zukunft: *Ich gieße aus über die Menschen Geist aus der Höhe* (vgl. Joel 3,1–2). Gottes Geist bewirkt, dass der Schöpfungswille Gottes sich immer wieder realisiert: *dann wird die Wüste fruchtbarer Garten*. Die Strophe ist eine beinahe wörtliche Übernahme aus Jes 32,15: *Aufs Neue wird über uns ausgegossen der Geist aus der Höhe; dann wird die Wüste zum fruchtbaren Garten*. Die letzte Strophe zeigt, dass es nicht allein darum geht, dass Menschen ausreichend mit Nahrung versorgt werden durch fruchtbringendes Land. Wenn Gott seinen Geist ausgießt, wird auch das Recht unter den Menschen wohnen. Erst das Recht *schafft den Frieden*, und dieser Friede ist die Bedingung für eine *sichere Zukunft* aller Völker. Auch diese Strophe lehnt sich eng an die biblische Vorlage aus Jes 32,16.17 an: *Dann weilt in der Wüste das Recht, und im Fruchtgarten wohnt die Gerechtigkeit. Die Wirkung der Gerechtigkeit wird Friede sein, die Frucht des Rechtes ewige Sicherheit*.

Diethard Zils hat sich für sein Lied von Lucien Deiss anregen lassen. Dieser hatte ein Lied zu Ps 66 geschaffen und 1954 in „Louange de Gloire" veröffentlicht. Dieses französische Lied wird mit einem Kehrvers eröffnet: *Terre entière chante ta joie au Seigneur! Alleluia! Alleluia!* (dt.: Gesamte Erde, sing deine Freude dem Herrn). Es folgen in zwölf Strophen eine auf Jacques Leclercq zurückgehende rhythmisierte Fassung der Psalmverse 3–12 und 20 sowie eine abschließende trinitarische Doxologie in Str. 13. Zils nimmt in seinen Strophen keinen Bezug auf Ps 66. Das geschieht nur mit einzelnen Motiven im Kehrvers *Lobt und preist die herrlichen Taten des Herrn*, nämlich Vers 1 (*Jauchzet Gott zu*) in Verbindung mit Vers 5 (*Kommt und schauet die Großtaten Gottes*). Das den Kehrvers beschließende doppelte *Halleluja* hat Zils von Deiss übernommen, in Ps 66 findet es sich nicht.

Ilsabe Alpermann

Die Melodie von Lucien Deiss ist eine heiter schwingende Tongestalt im 6/8-Takt, gegliedert in einen Kehrvers und eine Strophe. Der Kehrvers kreist um den Grundton *f* mit Pendelbewegungen in die Oberterz *a* und die Unterterz *d*. Die Imperative im Text *lobt* und *preist* haben eine fanfarenartige Signalwirkung, während eine spielerische Sekundbewegung *g-a-g* zweimal vorkommt und den hellen Charakter der Melodie ausdrückt. Ähnlich wie bei österlichen Antiphonen beschließt ein doppeltes *Halleluja*, einmal zur Unterquart geführt und wieder zurück zum Sekundpendel, den Kehrvers. Das *Halleluja* ist schon im französischen Original angelegt.

Die Strophe ist in zwei gleichlange Teile gegliedert, bei denen jeweils auf dem letzten Wort ein Melisma vorgesehen ist (3 Noten im ersten Teil, 6 Noten im zweiten), wodurch das Wort hervorgehoben wird: Im Original ist es beide Male *Gloire*; im Text von Zils geht es unterschiedlich gut auf, ist aber in den meisten Fällen passend. Der Melodieverlauf ist bogenförmig angelegt. So ergibt sich zur Mitte hin eine Steigerung, die ihren

Höhepunkt zu Beginn des zweiten Teils erreicht: aufsteigender Dreiklang plus Obersexte und Pendelbewegung *c-d-c*, wobei auch der Halbschluss am Ende des ersten Teils durch die erhöhte vierte Stufe eine wohlkalkulierte Spannung und elegante Schärfe erhält.

Die modale Melodie mutet wie ein Stück gregorianischen Chorals an, dessen leichte am Sprachduktus ausgerichtete Rhythmisierung quasi organisch wie durch episemierte Dehnungen zu entstehen scheint. Die Melodie spielt mit melodischen Wendungen, wie sie aus Psalmtönen vertraut sind (Wechselspiel *c-d-f*; Dreiklang über dem Grundton) und weckt dadurch Assoziationen an gregorianische Antiphonen und Psalmen, die aber ganz temperamentvoll, modern und irgendwie keck interpretiert werden.

Der römisch-katholische Ordenspriester Lucien Deiss experimentierte schon in den 1950er Jahren mit neuen Singmodellen für die katholische Liturgie, um die singende Beteiligung der Gemeinde am Gottesdienst zu wecken. Auch wenn erst das II. Vatikanische Konzil ab 1963 liturgische Teilhabe durch volkssprachlichen Gemeindegesang forderte, legte der Konzilsberater Deiss schon zuvor Prototypen von Gesangsformen vor, die er in seiner Kommunität und mit einer Schola ausprobiert hatte. Sie basieren bevorzugt auf refrainartigen Mustern von Soli und Tutti und prägen katholischen Gemeindegesang im romanischen Sprachraum bis heute nachhaltig.

Sein Singmodell „Louange de Gloire", das EG 429 zugrundeliegt, erschien zuerst 1953/54 in der Sammlung „Psaume et Cithare" und ist mit dem Text *Acclame Dieu, toute la terre* eine moderne Übersetzung von Psalm 66. Die Gemeinde soll mit der Antiphon *Terre entière Chante ta joie au Seigneur* in den Gesang einstimmen. Zeitgleich erschien ein Begleitbuch zur instrumentalen Begleitung (z. B. mit Orgel), in dem das *Alleluia* des Kehrverses alternativ mit Oberstimmen hervorgehoben und gesteigert werden kann. Intention des schwungvollen und mitreißenden Singmodells ist das Aktivieren des kirchlichen Singens in weniger geübten französischen Gemeinden.

Diethard Zils fand die Melodie im Zuge der nachkonziliaren Bemühungen um den Gemeindegesang so überzeugend, dass er einen inhaltlich neuen deutschen Text unterlegte – die Melodie aber nicht veränderte –, um sie auch für deutschsprachige Gemeinden zugänglich zu machen. Gewiss ist sie – wie andere Strophen-Refrain-Modelle – bis heute geeignet, auch protestantischen Gemeindegesang neu zu stimulieren.

Erik Dremel

438 Der Tag bricht an und zeiget sich

Text

Verfasser Michael Weiße **Quelle** *Ein New Gesengbuchlen* (Michael Weiße), Jungbunzlau 1531 (DKL 1531⁰²; Reprint Kassel 1931 und 1957) **Überschrift** *Folgen geseng auf die tagczeiten zum ersten die/so des morgens sóllen gesungen werden* (Gruppenüberschrift) **Ausgabe** W III,372 **Strophenbau** A8/4a A8/4a A8/4b A8/4b vgl. Frank 4.58 **Abweichungen** 3,1 *O regier* uns; 4,3 dass *sichs nicht so* gar; 4,4 *und ewiglich verthům*; nach 4: [5.] *Sterck jhn dz er all vbel schwech*; 5[Q=6],2 Tag *nach aller not*; 6[Q=7],1 Gib *deinn Segen auf vnser*; 6,2 *fertig vnser* Arbeit *vnd* Lohn **Verbindung TM** in der Q eigene Mel.: Z I,324a (DKL III/1.3 Eg65; vgl. auch spätere Fassungen in DKL III/2 unter Eg65A, Eg65D, Eg65E) * Z I,325 (Straßburg 1545; DKL III/1.2 Eb50); Z I,326 (Keuchenthal 1573; DKL III/2 Eg 59B)

Melodie

Incipit 1__5_5_6b__5__4_.13b_2_1__ **Verfasser** Melchior Vulpius **Quelle** *Ein schön geistlich Gesangbuch* (Melchior Vulpius), Jena 1609 (DKL 1609¹²) **Ausgabe** Z I,327; DKL III (1993–2010)/4 H150; Korth 2021, Nr. 8b **Ambitus** G: 7b; Z: 6b7b45 **Abweichungen** mit 4st. Satz; kleine Terz höher (auf *g* mit *b*-Vorzeichnung), Mensurzeichen ₵ **Verbindung MT** in der Q wie EG * *Die beste Zeit im Jahr ist mein* (Text EG 319, unterlegt z. B. in: Gesellige Zeit, Kassel 1951); *Das walt Gott Vater und Gott Sohn* (EKG 343); *Wach auf, wach auf, 's ist hohe Zeit* (EG 244; RG 789)

Literatur

HEKG (Nr. 333) I/2, 490 f; III/2, 394–397; Sb, 521 f; HEG II, 334–336.342–344 ** ThustB, 371/ Nf, 348; ThustL II, 338 f; Een Comp, Nr. 374 ** KLL (1878–1886) I, 112; EEKM (1888–1895) I, 179; DKL III (1993–2010)/ 1.3 Textbd. S. 52–54 und III/4 Textbd. S. 398 f; RößlerL (²2001) 241.243 ** Metzger, Dieter: Der Tag bricht an und zeiget sich, WüBll 23 (**1956**) 49–52 * Schoenbaum, Camillo: Die Weisen des Gesangbuchs der Böhmischen Brüder von 1531, JLH 3 (**1957**) 44–61, bes. 58 * Moeseritz, Annekathrin: Die Weisen der Böhmischen Brüder von 1531. Eine stil- und quellenkritische Untersuchung der nichtliturgischen Melodien des Gesangbuchs von Michael Weiße, Bonn **1990**, bes. 221–225 * Korth, Hans-Otto: Denn die Sach ist nicht mein allein. 23 Kirchenlieder mit Melodien in böhmischer Tradition, Halle/ Saale/ Beeskow **2021**, 20 f.65 f

Der Tag bricht an und zeiget sich. Die Eingangszeile des Morgenliedes von Michael Weiße ist die präzise Zeitbestimmung für das gesamte Lied. Es ist eine Andacht am Tagesbeginn, die nach einleitendem Lob und Dank gegenüber Gott (Str. 1) in einer Reihe von Bitten besteht und bis zum Segen in der letzten Strophe führt.

Der Morgen ist die Zeit des Gotteslobs, im klösterlichen Stundengebet die Laudes. In der zweiten Zeile setzt das Lied mit der Anrede *O Herre Gott* ein und eröffnet damit einen Gebetszusammenhang, der bis zum Ende des Liedes reicht. Es ist das Lied einer

Gemeinschaft: *wir loben dich.* Dabei kann sowohl an das Morgengebet einer Hausgemeinschaft als auch an die frühe Gebetszeit einer kommunitären Gemeinschaft gedacht werden, die bei den Böhmischen Brüdern üblich war. Die Selbstcharakterisierung *denn wir allhier sind Pilgerleut* (2,2) sticht hervor. Das gesamte christliche Leben ist damit als Weg auf ein eschatologisches Ziel hin verstanden. Teerstegen wird später dichten *mein Leben sei ein Wandern / zur großen Ewigkeit* (EG 481,5; vgl. auch EG 393). In Nikolaus Hermans Reiselied *In Gottes Namen fahren wir* wird die reale Pilgerreise der Kreuzfahrer nach Jerusalem zur Metapher der Lebensreise: *hilf uns Pilgern ins Vaterland* – zum Himmel (EG 498,4). Das Unbehaustsein der Reise erfordert besonderen Schutz vor jeglichem *Übel* (2,4).

In Aufnahme der ersten Vaterunser-Bitte *Geheiligt werde dein Name* spricht die dritte Strophe einen weiteren Aspekt christlicher Lebensführung an. Wie hier verbindet Weiße in seinem Lied *O lieber Herre Jesu Christ* die Regierung Gottes bzw. Christi mit der Ehre des Namens: *O Christe, versammle dein Heer, / regiere es mit treuer Lehr / deinem Namen zu Lob und Ehr / aus Genaden* (EG 68,7). Gottes Regieren, sein Werk bzw. Wirken an bzw. *in uns*, soll nach außen erkennbar sein *durch glaubreich Gebärd* (3,3) – Taten der Liebe aus dem Glauben. Auffallend ist die Ähnlichkeit zu Luthers Erklärung der ersten Bitte des Vaterunsers im Kleinen Katechismus (EG Stammausgabe Nr. 806.3): „Gottes Name ist zwar an sich selbst heilig, aber wir bitten in diesem Gebet, dass er auch bei uns heilig werde. Wie geschieht das? Wo das Wort Gottes lauter und rein gelehrt wird und wir auch heilig, als die Kinder Gottes, danach leben."

Die vierte und die daran ursprünglich anschließende Strophe bilden einen engeren inhaltlichen Zusammenhang. Die ausgefallene Strophe führt die auf den Geist des Menschen bezogene Bitte fort:

Stärk ihn, dass er all Übel schwäch,
des Fleisches Mut und Willen brech,
dass's sich nicht in Wolllust ergeb
und wie vorhin in Sünden leb.

Beide Strophen erinnern an den fundamentalethischen Gegensatz von Fleisch und Geist, der bei Paulus begegnet (Röm 8; Gal 5,16 ff), in Weißes Lied aber wie in dem Jesuswort *Der Geist ist willig; aber das Fleisch ist schwach* (Mk 14,38; Mt 26,41) anthropologisch akzentuiert ist: Das „fleischliche" Leben ist heillos, wenn es als *Wolllust* die alles bestimmende Triebkraft ist. Wir würden heute von grenzenlosem Materialismus, überbordendem Egoismus und Rücksichtslosigkeit gegenüber Mitmenschen und der Schöpfung sprechen. Dieses menschliche Streben braucht einen *Zuchtmeister* (vgl. Gal 3,25, dort vom Gesetz als *Zuchtmeister* auf Christus hin). Der Geist ist hier verstanden als die innermenschliche Instanz, die für die täglich neu zu gewinnende ethische Ausrichtung auf die Werke der Liebe sorgt, die aus dem Glauben entspringen. Beide Strophen beschreiben einen Weg der Heiligung. Anzufügen ist noch, dass die letzten beiden Zeilen der vierten Strophe im Original einen anderen Wortlaut haben: *Dass sichs nicht so gar ungestühm / erheb und ewiglich verthüm.*[1]

---

[1] „Verthümen" bedeutet urteilen, richten und wird im Laufe des 16. Jh. durch das Verb „verdammen" abgelöst. Grimmsches Wörterbuch Bd. 25, Sp. 1893.

Weiße wollte nicht zum Ausdruck bringen, dass unser Tun Gottes Grimm herausfordert, sondern dass es sein Urteil nach sich zieht.

Die fünfte Strophe vertraut Gott die Sorge für das leibliche Wohl an. Im Hintergrund steht Mt 6,32.34: […] *euer himmlischer Vater weiß, dass ihr all dessen bedürft. Darum sorgt nicht für morgen, denn der morgige Tag wird für das Seine sorgen.* Die Aufforderung *Sorgt euch nicht* (Mt 6,25) erscheint hier am Schluss der Strophe als nüchterne Feststellung der eigenen Begrenztheit: *denn unser Sorg richtet nichts aus.* Milde ist die Eigenschaft eines Fürsten oder Herrn, den ihm Untergebenen das zu geben, was sie zu ihrem Lebensunterhalt benötigen. Entsprechend zielt die Bitte *teil uns dein' milden Segen aus* genau im Sinne von Mt 6 darauf, dass Gottes Segenshandeln uns das jeweils Lebensnotwendige zu seiner Zeit zuwenden möge. Mit den Worten der vierten Vaterunser-Bitte: *unser tägliches Brot gib uns heute.*

Die Schlussstrophe bittet zuerst um den Segen für die Arbeit des beginnenden Tages, d.h. um ihr unmittelbares Gelingen und Gedeihen, und sodann – in der Bildwelt des Gleichnisses von den Arbeitern im Weinberg (Mt 20,1–16) – um ihren eschatologischen *Lohn.* Die christologische Klausel *durch Jesus Christus* bewahrt vor dem Missverständnis der Werkgerechtigkeit; die solenne Prädikation *deinen Sohn, unsern Herren vor deinem Thron* verleiht dem ganzen Lied einen doxologischen Abschluss.

ILSABE ALPERMANN

Die Melodie ist die Oberstimme eines vierstimmigen Satzes und verweist in ihrer Machart auf die Motettenkunst der Spätrenaissance. Zwar verläuft der Satz von Melchior Vulpius im Prinzip „Note gegen Note", entsprechend dem später so genannten „Kantionalsatz" jener Epoche, doch fallen die beiden punktierten Dreitonbindungen in den ersten beiden Zeilen aus diesem engen Rahmen heraus und verleihen der Melodie einen kunstvollen Eigencharakter. Dieser wird noch durch den eröffnenden Quintsprung und die darauf folgende ausdrucksstarke kleine Sexte als Wechselton unterstrichen. Der Melodiebeginn entfaltet sogleich eine starke emotionale Wirkung, die sich durch die gesamte Melodie weiterzieht – etwa in den punktierten Bindungen oder in der Chromatik der dritten Zeile. Durchaus „modern" im Sinne der funktionalen Tonalität ist die Harmonik des Satzes[2]: Zeile 1 in der Grundtonart (im EG e-Moll), in Zeile 2 die Modulation über die Wechseldominante (Fis-Dur) zur Dominanttonart (H-Dur), in der dritten Zeile das Pendeln zwischen Dominante und Grundtonart, schließlich die Rückwendung zur Grundtonart. Melodisch ist die zweite Hälfte deutlich bescheidener gestaltet, sie lebt jedoch von der farbigen Harmonik – ein deutliches Beispiel dafür, dass manche Melodien mit ihrer Harmonik aufs engste verbunden sind und von ihr nicht getrennt werden können, ohne dass sie ihre musikalische Substanz teilweise verlieren.

Während die Zeilen 3 und 4 rhythmisch unauffällig sind – lediglich mit Dehnung der Zeilenschlüsse –, markieren die bereits erwähnten punktierten Bindungen die erste

---

[2] Er kann in diversen Chorsammlungen wie „Ars Musica IV" gefunden werden und ist – leicht angepasst – auch für das Bärenreiter-Orgelbuch zum EG und für das Reformierte Gesangbuch RG 789 übernommen worden.

Melodiehälfte, und zwar in beiden Zeilen an unterschiedlichen Stellen, was den Charakter des Kunstvollen noch verstärkt. Die erste Zeile zeigt die häufig zu beobachtende Auftaktdehnung im jambischen Metrum. Diese bildet einerseits selber einen ersten Schwerpunkt und erzeugt andererseits einen starken Akzent auf der folgenden Silbe, hier noch verstärkt durch den Quintsprung. Auch die beiden nächsten Akzentsilben sind musikalisch unterstrichen: erst durch den Wechselton zur kleinen Sekunde, danach durch die Bindung. Die langen Noten auf der vierten und fünften Silbe verleihen zusätzliches Gewicht und formen aus den ersten vier Tönen ein signalhaftes Motiv, das sich aus dem Melodieverlauf hervorhebt. Die gezeigten differenzierenden Aspekte, zu denen noch größere Intervalle in der ersten Melodiehälfte und kleinere in der zweiten kommen, werden ausgeglichen durch die klare tonale Architektur und durch die Parallelität der Zeilenschlüsse, alle als Abstieg von der Terz gestaltet. Dabei stimmen erste und letzte Zeile tonmäßig überein, unterscheiden sich aber rhythmisch. So entsteht ein raffiniertes Wechselspiel von Identität und Differenz, welches das Merkmal einer gelungenen musikalischen Form ist.

ANDREAS MARTI

439 Es geht daher des Tages Schein

Text

Verfasser Michael Weiße **Quelle** *Ein New Gesengbuchlen.* (Michael Weiße), Jungbunzlau 1531 (DKL 1531[02]; Reprint Kassel 1931 und 1957) **Überschrift** *Folgen geseng auf die tagczeiten zum ersten die/so des morgens sóllen gesungen werden* **Ausgabe** W III,371 **Strophenbau** A8/4a A8/4a A8/4b A8/4b vgl. Frank 4.58 **Abweichungen** 1,2 *o brüder* lasst uns [ohne: alle] dankbar; 1,4 *dise* Nacht *bewart*; 3,1 *Sprechen: o* Gott; 4,3 *Die feind vns nicht lassen fellen*; 4,4 *so vnsern selen nachstellen*; nach 4: [5.] *O herre got nihm vnser war*, 5[Q=6],4 dass *für dir sey ausbündig gut*; 6[Q=7],1 Das *sey dir heut* in **Verbindung TM** wie EG * weitere eigene Mel: Z I,323=363 (Babst 1545; DKL III/1.3 Ek9) * auch gesungen zu: *Der Tag bricht an und zeiget sich* (EG 438; vgl. DKL III/2 Eg65 und III/3 Eg65E) und *Es ist jetzt um die Vesperzeit* (DKL III/2 Eg69)

Melodie

Incipit 12_45_432_1_ **Vorlagen** *CHwaliž Boha dusse wernál* Cantio: *Salvator iam illuxit* **Quelle** wie Textquelle **Ausgaben** Z I,322; DKL III/1.3 Eg64; vgl. aber Eg64A **Ambitus** G: 7b; Z: 57b7b5 **Abweichungen** Oktave tiefer; Zeilenendnoten um je eine punktierte Halbe länger **Verbindung MT** wie EG

Literatur

HEKG (Nr. 334) I/2, 492; III/2, 397–400; Sb, 522 f; HEG II, 342–344 ** ThustB, 371 f/ Nf, 348; ThustL II, 340 f ** KLL (1878–1886) I, 178; DKL III (1993–2010)/ 1.3 Textbd. S. 51 f; RößlerL ([2]2001) 241–243 ** BOHREN, Rudolf: Tschechisch-deutsche Wechselbeziehungen am Beispiel des evangelischen Liedgutes, in: Jürgen Seim/ Lothar Steiger: Lobet Gott. Beiträge zur theologischen Ästhetik, München **1990**, bes. 142 f * MOESERITZ, Annekathrin: Die Weisen der Böhmischen Brüder von 1531. Eine stil- und quellenkritische Untersuchung der nichtliturgischen Melodien des Gesangbuchs von Michael Weiße, Bonn **1990**, bes. 229–232

Das zweite Morgenlied von Michael Weiße im EG ist sowohl textlich als auch melodisch spröder und weniger eingängig. Inhaltlich setzt es bei mancher Gemeinsamkeit doch andere Akzente. Die Eingangszeile besagt: „Es tagt." Die Zeitangabe veranlasst den Aufruf zu Dankbarkeit gegenüber Gott, der den Schutz der Nacht gewährleistet hat. Das Attribut *milde* kennzeichnet wie in EG 438,5 Gott als denjenigen, der alles zum Leben Notwendige bereithält. Durch die gleichlautende Aufforderung *Lasst uns* (2,1 und 1,2) ist die zweite Strophe eng mit der ersten verbunden. Dem Dank für die Bewahrung in der *Nacht* (1,4) ist die Bitte um Bewahrung am beginnenden Tag (*diese Stund* […] *bewahren heut,* 2,1+4) zur Seite gestellt. Die zweite Strophe macht noch deutlicher, dass hier eine Gruppe gemeinsam singt. Hinter der Formulierung *herzlich singen mit gleichem Mund* ist Röm 15,6 zu vernehmen. Bei Paulus beginnt der Gedankengang bereits in Röm 15,5; er darf hier als Erinnerung an die singende Bruderschaft sicher ganz mitgehört werden: *Der Gott der Geduld und des Trostes gebe euch, dass ihr einträchtig gesinnt seid untereinander, wie es Christus Jesus entspricht, damit ihr einmütig mit einem Munde Gott lobt, den Vater unseres Herrn Jesus Christus.*

Nach dem Gebetsaufruf der ersten beiden Strophen setzt mit der 3. Strophe das Gebet selbst ein, das alle folgenden Strophen umfasst. Im Original leitet Str. 2 zu Str. 3 über, indem auf *Huld* unmittelbar folgt: *Sprechen: o Gott von Ewigkeit* (3,1); die jetzige Fassung der Anrede *o starker Gott* nimmt eine semantische Anleihe bei Z. 3 *mit deiner großen Kraft und Macht* und bei der nach Str. 4 ausgefallenen Strophe (s. u.). In Form einer Gottesprädikation (*der du uns ...*) blickt die 3. Strophe noch einmal auf die Bewahrung in der Nacht zurück und nimmt damit die erste Strophe inhaltlich auf. Entsprechend bezieht sich Str. 4 auf Str. 2: *du wollest uns ... an diesem Tag auch Hilfe tun.* Die erbetene Hilfe wird nun formelhaft an Jesus Christus geknüpft (*durch deinen Sohn*) und inhaltlich auf die Gefahr des Abfallens bezogen: *dass nimmermehr ein Feind uns fällt, / wenn unsern Seelen er nachstellt.*

Die nun folgende, im EG ausgefallene, Strophe ruft für den hier anstehenden Kampf den *Herre*[n] *Gott* mit nicht weniger als fünf Prädikationen an, die sämtlich dem Machtparadigma angehören:

O Herre Gott, nimm unser wahr,
sei unser Wächter immerdar,
unser Schutzherr und Regierer,
ja auch König und Heerführer.

Durch die wiederholte Gottesanrede und die aneinandergefügten Gottesprädikationen bildet diese Strophe zusammen mit der dritten eine Klammer um die vierte Strophe. Diese Bittstrophe, im Original die mittlere, ist das Zentrum des Liedes. Was hier *durch* [Gottes] *Sohn* erbeten wird, geht weit über das für den Tag Lebensnotwendige hinaus. Vielmehr steht wie auch in Luthers Morgensegen, zu dem das ganze Lied eine große Nähe aufweist, das Heil der Seelen auf dem Spiel.

Spiegelbildlich zu dem Gebetsaufruf der singenden Gemeinschaft in Str. 1–2 (*lasst uns...*) kehrt nach Gottesanrufung und Bitten an Gott in Str. 3–4 (orig. 3–5) die Strophen 5–6 (orig. 6–7) die Aktivität wieder zum Wir der Gemeinde zurück. Sie antwortet mit gutem Werk und (Lob-) Opfer. Die Strophen charakterisieren das Morgengebet als *Frühopfer*, das die singende Gemeinschaft Gott – *in deinem Sohn* – *vor deinen Thron* darbringt. Im Hintergrund steht die bereits biblische, in der hymnischen Tradition der Kirche, zumal in den Morgenliedern, häufig anzutreffende Übertragung der Opferterminologie auf Lob und Dank, die Gott ‚dargebracht' werden, in Verbindung mit einer ganzheitlichen Hingabe des Lebens an Gottes Willen (vgl. Ps 50,14,23; Hebr 13,15 f.; Röm 12,1 f. sowie z. B. EG 446,5 f.; 447,1; 449,3); *Frühopfer* spielt biblisch auf die Morgen- und Abendopfer an (2. Mose 29,38 f.; 4. Mose 28,3 f.). Die ganzheitliche Hingabe des Lebens kommt in Str. 5 prägnant zum Ausdruck (*Herz, Wort und Tat*), verbunden mit dem gattungstypischen Wunsch, *dass unser Werk gerate gut* (vgl. z. B. EG 437,4).

Die Schlusszeilen der letzten Strophe geben den spezifischen ‚Sitz im Leben' dieses zweiten Morgenliedes von Michael Weiße zu erkennen: *darauf wir nun zu deinem Lob /*

mögen genießen deiner Gab – die Laudes, das Gotteslob zur Morgenstunde, ist zum Frühstücksgebet geworden.

ILSABE ALPERMANN

Diese Melodie, aus der Tradition der Böhmischen Brüder stammend, bietet einige Probleme. Sie ist aus dem Gesangbuch des Michael Weiße von 1531 übernommen, dem ersten deutschsprachigen Gesangbuch der Böhmischen Brüder. Danach erscheint sie wieder in dem 1544 in Nürnberg erschienen Brüdergesangbuch, nun aber in einer Gestalt, die derjenigen der Vorlage mit dem ursprünglichen tschechischen Text näher ist, so dass davon auszugehen ist, dass die Fassung bei Weiße, so wie sie ins EG übernommen wurde, fehlerhaft ist.[1] Das betrifft nicht nur einzelne Töne – solche gewollten oder versehentlichen Abweichungen wären ja bei Kirchenliedmelodien an der Tagesordnung –, sondern fast die kompletten Zeilen 2 und 3. Vom dritten Ton der zweiten Zeile an bis zum vorletzten Ton der dritten Zeile wäre demnach alles um einen Ton höher zu lesen (mit Ausnahme des fünften Tons der zweiten Zeile, der in beiden Fassungen ein *a* ist). Damit wäre die Melodie solide im d-Modus verankert, mit einem Ambitus bis zum oberen Grundton und mit dem Schluss der ersten Hälfte auf dem Quintton *a* statt auf der befremdlichen Quarte *g* (hier ohne die originalen Zeilenpausen notiert):

In der vermutlich korrekten Version von 1544 fällt allerdings der Quartsprung nach unten (*g–d*) am Ende der dritten Zeile unvorteilhaft auf. In beiden Fassungen wirkt ferner der Anfang ungewohnt – man würde nach dem ersten Ton eher die Terz *f* als die Sekunde *e* erwarten, damit der d-Modus sogleich etabliert wird. Dennoch müsste in künftigen Ausgaben diese Version anstelle der fehlerhaften von 1531 übernommen werden.

Rhythmisch hingegen ist die Sache klar. Nach dem Muster der spätmittelalterlichen Cantionen ist das Textmetrum quantitierend in den dreizeitigen Takt umgesetzt: betonte Silben lang, unbetonte kurz. Dies ist aber nicht schematisch durchgezogen, sondern am Schluss der Zeilen 1, 2 und 4 sind die Tonlängen umgekehrt, was eine Bremswirkung auf das Zeilenende hin erzeugt – wir kennen dieses Phänomen etwa von *O Heiland, reiß die Himmel auf*. Die erste Zeile wird auf diese Weise mottohaft von der Fortsetzung abgegrenzt, nach der zweiten liegt die vom Hymnus her bekannte größere Mittelzäsur. In der dritten Zeile dagegen ist die rhythmische Umkehrung um eine Akzentstelle in die Mitte der Zeile vorgezogen. Damit entfällt die Bremswirkung am Ende, und die letzten beiden Zeilen werden direkt miteinander verbunden.

---

[1] Vgl. dazu DKL III/1.3 Eg 65 und 65A, Textband 51 f.

Wie viele Cantio- und Hymnenmelodien zeigt unsere Melodie, gleich in welcher der beiden Fassungen, eine ausgesprochene Symmetrie. Erste und letzte Zeile sind identisch, die Anfänge der zweiten und der dritten Zeile sind ab dem zweiten Ton gespiegelt, und die Lage im Tonraum ergibt eine deutliche Bogenform.

Wem bei dieser Melodie angesichts ihrer Unstimmigkeiten unwohl ist, kann sie leicht durch eine der vielen Melodien im gleichen Strophenmaß ersetzen, angefangen bei der im EG gleich daneben stehenden von EG 438.

ANDREAS MARTI

445 Gott des Himmels und der Erden

EG 445(ö)   RG 566(ö)   EM 613(ö)

Text

Verfasser Heinrich Albert **Vorlage** Luthers Morgensegen **Quelle** *Fünffter Theil der Arjen oder Melodeyen Etlicher theils Geistlicher/ theils Weltlicher […] Lieder* (Heinrich Albert), Königsberg 1642 (DKL 1642[15])[1] **Überschrift** *4. Morgen=Lied* **Ausgabe** FT III, 65 **Strophenbau** 8/4a- 7/4b, 8/4a- 7/4b, 7/4c 7/4c vgl. Frank 6.27 **Abweichungen** 6,5 Herr, mein [Schild, mein] Ehre und mein Ruhm * RG/EM: 3,3 o *mein* Jesu, lass *dich* 3,4 *lass dein Herz mir of-*fen; 5,1 Führe mich, *mein* Gott; 6,5 *Du mein* * EM: ohne Str. 7, EG/RG Str. 6 wird als Str. 5 zwischen EG Str. 4 und 5 verschoben, EG Str. 5 ist damit die 6. = letzte Str. **Verbindung TM** wie EG * Z II,3614b (DKL 1687[01]) * Z II,3614c (DKL 1703[01]) * Z II,3614d (DKL 1694[02]) * Z II,3615 (DKL 1653[04]) * Z II,3616f (DKL 1731[03]) * Z II,3618 (DKL 1735[06]) * Z II,3619 (Choralbuch Rothe, ca. 1830)

Melodie

Incipit 1_2 35431-7 -6_-5 **Verfasser** Heinrich Albert **Quelle** wie Textquelle **Ausgabe** Z II,3614a; B IV,339; Heinrich Albert, Arien II, hrsg. von Eduard Bernoulli, in Neuauflage hrsg. und kritisch revidiert von Hans Joachim Moser, Wiesbaden/ Graz 1958 (= DDT I, 13 II), S. 150 **Ambitus** G: 8; Z: 85(85)54 **Abweichungen** Quarte höher; doppelte Taktvorschrift ϕ ³/₁-Takt; weiße Mensuralnotation mit Brevis/Semibrevis/Ligatur, Synkope coloriert; kein Auftakt, daher entsprechend verschobene Taktstriche; Schlussnote punktierte Ganze * RG: 4st. Satz (nach Heinrich Albert 1642 und Rostock 1659); Ganzton höher * EM: 4st. Satz (nach Heinrich Albert 1642 und Rostock 1659) **Verbindung MT** wie EG * *Licht, das in die Welt gekommen* (RG 259; EG-Anhänge BEP, BT, HE, West, WÜ) * *Gott, wir preisen deine Wunder* (F.G-Anhänge BEP, Ref, West, Wü) * *Stille halten deinem Walten* (EKG-Regionalteil Pfalz 477) * *Teures Wort aus Gottes Munde* (EKG-Regionalteil Pfalz 424, EG-Anhang BEP)

Literatur

HEKG (Nr. 345) I/2, 501 f; III/2, 428–431; Sb, 531–533; HEG II, 21 ** ThustB, 375 f/ Nf, 352); ThustL II, 352–354 ** Koch (³1866–1877) VIII, 186–188; KLL (1878–1886) I, 219; EEKM (1888–1895) I, 489–491; Schlunk (1951) 124; Bruppacher (1953) 85 f ** Fornaçon, Siegfried: Psalm 42 aus Genf, JLH 4 (**1958/59**) 113 f * Neubacher, Klaus: Lieder des evangelischen Religionsunterrichts, Frankfurt am Main u.a. **1968**, 14 * Rössler, Martin: Bibliographie der deutschen Liedpredigt, Nieuwkoop **1976**, 251 * Sauer-Geppert, Waldtraut: Evangelisches Gesang- und Gebetbuch für Soldaten. Ein Literaturbericht, JLH 23 (**1979**) 180 * Eggebrecht, Hans Heinrich: Artikel Albert, Heinrich. Literaturlexikon. Autoren und Werke deutscher Sprache. Hrsg. von Walther Killy, 1 (**1988**) 85–87

---

[1] Digitalisat Bayerische Staatsbibliothek München: https://t1p.de/nf27i (Nr. 4; 7.1.2022).

* OBROCK, Rainer: Gott des Himmels und der Erden (Liedpredigt) in: Seeberg, Bengt (Hg.): Singen und Sagen. Eine Sammlung von Predigten aus der Evangelischen Kirche von Kurhessen-Waldeck über die Lieder des Evangelischen Gesangbuches, Kassel 2000, 213–218 * PICHARD, Jacques: Heinrich Albert et le Psaume 42: Genèse d'un lied spirituel, in: TÉ-BOUL, Jean-Claude (Hg.): Heinrich Schütz et la musique allemande du XVIIe siècle, Paris 2003, 135–160 * BRANDT, Susanne: Liedandacht zu *Gott des Himmels und der Erden*, in: Handt, Hartmut / Jetter, Armin (Hg.): Voller Freude. Liedandachten zu den Sonntagen und Festen des Kirchenjahres und zu besonderen Anlässen, München 2004, 236–239

Gott des Himmels und der Erden gehört zu den Klassikern evangelischer Gesangbücher, zur eisernen Ration derjenigen Lieder, die von Generation zu Generation weitergegeben werden und allen, die es singen, immer wieder Freude bereiten. Das machen Text und Melodie gleichermaßen – das Lied ist ein Morgenlied, dessen Schwung den schwachen Geist erneuern kann, durch den Dreiertakt seiner Melodie und durch seinen schönen, seiner Entstehungszeit ebenso wie späteren Zeiten angemessenen Text.

Sein Verfasser, Heinrich Albert (1604–1651), ein Vetter von Heinrich Schütz, genoss in Gera, Dresden und Leipzig eine in vieler Hinsicht herausragende Bildung, Schütz und der Thomaskantor Johann Hermann Schein zählen zu seinen Lehrern in der Musik. In Königsberg vermittelte Johann Stobäus ihm weitere Fertigkeiten im Tonsatz. Von 1630 bis zu seinem Tod war Albert dort Domorganist. Als Mitglied der Königsberger Sprachgesellschaft Kürbishütte fand er sich mit Simon Dach und anderen Meistern zusammen – eine Hochzeit für Dichtung und Musik in Preußen im Barock.

Mit seinem Morgenlied ist Albert seit seiner ersten Veröffentlichung in evangelischen Gesangbüchern präsent.[2] In der Widmungsvorrede an Sigismund Scharff (1611–1652) hatte er bemerkt:

> UNter die Jenigen Dinge / HochgEhrter Herr / die etwa beständig möchten geheissen werden / sind meines erachtens auch billich gute Lieder sampt jhren Melodeyen zu zehlen vnd dafür zu halten: Ob nun zwar von diesen vnd andern meinen Arien / welchen ich vielen guten Liedern beygefügt / ich mir die Thorheit nicht einbilde / daß auch solche so gut vnd köstlich weren / daß sie nach vns bleyben solten; So kan dennoch ich auch nicht sagen / daß sie so balde vergehen werden / weil selbige allbereit hin vnd wieder / zwar vber Verdienst / angenommen und beliebet worden.[3]

Das Lied findet sich, mit der Überschrift „Morgen Lied", als viertes in Heinrich Alberts fünftem von acht Teilen seiner Arien (s. o.); seit seiner Entstehung ist am Text so gut wie nichts verändert. Unter ausdrücklichem Bezug auf dieses Lied bemerkte Johann Mattheson am Ende des Artikels „Albert" in seiner „Ehrenpforte" (1740): „Fast aus einer jeden Zeile, die der ungeschminkte Mann geschrieben hat, leuchtet sein rechtschaffenes, redliches Gemüth, sein GOtt- und Tugend-liebendes treues Hertz so wohl, als seine Kunst

---

[2] Einige Beispiele bietet Carl von Winterfeld, Der evangelische Kirchengesang und sein Verhältnis zur Kunst des Tonsatzes III, Hildesheim 1966 (Nachdruck der Ausgabe Leipzig 1845), Register 574.

[3] Titelrückseite (Digitalisat s. Anm. 1).

und Geschicklichkeit, hervor. Qualis viri vita, talis viri fama!"[4] Damit ist auch die Einfachheit des Liedes bezeichnet, die wohl der Grund dafür ist, dass es so gut wie unverändert die Zeiten überdauert hat.

Alberts Lied orientiert sich wie so viele (im EG z. B. 437 und 443) an Luthers Morgensegen,[5] der in den Ausgaben des Kleinen Katechismus verbreitet war. In der ersten Strophe ruft der Sänger/Beter, wie dort, den dreieinigen Gott als den Schöpfer des Himmels und der Erde an (vgl. auch Ps 89,12), der es, wie man aus 1. Mose 1,14–16 und Ps 136,7–9 weiß, Tag und Nacht werden lässt und über die Gestirne gebietet. Aber er ist nicht nur der Schöpfer, sondern auch der Erhalter der Welt, so dass der Mensch sich ihm auch als solchem zuwenden kann.

Die zweite Strophe ist bestimmt durch den tiefen Dank (vgl. Ps 9,2a) für die Bewahrung in der vergangenen Nacht, und zwar vor äußeren (*Gefahr, Not*) und inneren – leiblichen und seelischen – Gefährdungen (*Angst, Schmerzen*), vor allem aber, betont durch die Endstellung, davor, dass der Teufel, also eine widergöttliche Macht, sich des Dankenden nicht bemächtigt hat. Daraus mag man schließen, dass Gottes Macht über alle Mächte der Widersacher obsiegt.

Die Bitte um das Verschwinden der Sünden (Str. 3) hatte Luther erst in seinem Abendsegen (EG 852: „du wollest mir vergeben alle meine Sünden wo ich Unrecht getan habe…") formuliert; hier taucht sie bereits zu Tagesbeginn auf: Mit dem anbrechenden Tag möge auch die *Nacht meiner Sünden* vergehen (vgl. auch Röm 13,12; EG 440,3). Das kann geschehen, wenn der Sänger/Beter denjenigen Ort sucht, an dem aus Vergehen Vergeben wird: die Wunden Jesu. Die mögen dem bittenden Sänger offenstehen. Denn dort *alleine* ist ein Heilmittel gegen die Sünden zu finden. Neues Leben an einem neuen Tag speist sich also aus der Vergebung, die in Christi Kreuz und Leiden zu suchen ist und dort auch gefunden werden kann. Die Erinnerung an das Gottesknechtslied in Jes 53 dürfte einem durch die lutherische Orthodoxie geprägten Autor nicht fern gewesen sein.

Aber auch der, dem die Sünden vergeben sind, verlässt sich nicht auf eigene Kraft, sondern sucht die Hilfe dessen, mit dem er an dem neuen Tag *geistlich auferstehen… und für meine Seele sorgen* kann. Die Anrufung *Hilf* zu Beginn der vierten Str. gilt Gott als der Quelle für die „Selbstseelsorge", die sich auf das göttliche Gericht ausrichtet – die Angst, vor der Gott den Beter in der Nacht bewahrt hat, soll auch als Schrecken vor dem Gericht nicht wiederkehren.

Str. 5 ist eine der bekanntesten Gesangbuchstrophen überhaupt; mit ihr verließen bis weit in das 20. Jahrhundert viele Schulkinder morgens ihr Elternhaus. Denn der so geistlich Auferstandene kann sich, wie der Beter von Luthers Morgensegen, an sein Tagewerk machen, für das er die Leitung Gottes durch sein Wort (vgl. Ps 31,4b; 119,133)

---

[4] Deutsch: „Wie eines Mannes Leben, so des Mannes Ruf." Johann Mattheson, Grundlage einer Ehrenpforte […] Vollständiger, originaltreuer Neudruck hg. von Max Schneider, Berlin 1910, 5.

[5] WA 30 I, 318–321.392–394. EG 815. – Vgl. dazu Frieder Schulz, Die Hausgebete Luthers. In: Albrecht Peters, Kommentar zu Luthers Katechismen 5, Göttingen 1994, 191–204. Als Grund in der Schrift nennt Schulz Ps 31,6; Ps 91,11 und Ps 34,8; für den bösen Feind Mt 13,28 ff. und Joh 12,31; 14,30 und 16,11, wo jeweils vom Fürsten der Welt die Rede ist. Und in *Ein feste Burg* (EG 362) erscheint sowohl der *altböse Feind* (Str. 1) als auch der *Fürst dieser Welt* (Str. 3).

erbittet. Aus der dritten Strophe kehrt das Wort *allein* zurück – so wie die Sünde in Jesu Wunden aufgehoben ist, so kann das Leben *auch heute* [...] *nirgends* anders als von Gott selbst beschützt sein (vgl. Ps 71,3). Deshalb befiehlt sich der Sänger/Beter diesem Schutz an, und zwar ganz, mit Leib und Seele und allen seinen Kräften. Die Hand des Schöpfergottes wird hier als die des bewahrenden Herrn aufgerufen (vgl. auch Ps 89,14) und er selbst mit Prädikaten gepriesen, die aus dem Psalter stammen: *HERR, mein Fels, meine Burg, mein Erretter; mein Gott, mein Hort, auf den ich traue, mein Schild und Berg meines Heils und mein Schutz* (Ps 18,3) und *Gott der HERR ist Sonne und Schild; / der HERR gibt Gnade und Ehre. Er wird kein Gutes mangeln lassen den Frommen* (Ps 84,12; vgl. auch 1. Thess 5,8 und Eph 6,13–17).

Die vorletzte Strophe erinnert an Luthers Auslegung des Zweiten Artikels im Glaubensbekenntnis: „damit ich sein eigen sei und in seinem Reich unter ihm lebe und ihm diene in ewiger Gerechtigkeit, Unschuld und Seligkeit, gleichwie er ist auferstanden vom Tode, lebet und regieret in Ewigkeit".[6] Der geistlich Auferstandene lebt als *Eigentum* (vgl. Tit 2,14) des Auferstandenen mit ihm und durch ihn in diesem Leben, das durch Gerechtigkeit, Unschuld (gemeint ist die von Gott erbetene und gewährte Vergebung der Sünde) und damit Seligkeit bezeichnet ist.

In der letzten Strophe nimmt das Gebet um die Sendung des Engels Luthers Formulierung „Dein heiliger Engel sei mit mir, dass der böse Feind keine Macht an mir finde" fast wörtlich auf. Weder die Pläne des *bösen Feindes* noch deren Ausführungen mögen gelingen. Und dieser Engel soll nicht nur in diesem irdischen, sondern auch auf dem Weg zum himmlischen Leben Beistand und Begleiter sein.

Das Lied ist gerade in seiner Schlichtheit ein schönes Zeugnis reformatorischer Glaubenszuversicht. Der Sänger/Beter befiehlt sich in allem seinem Gott und Herrn an, der von der Schöpfung bis zur Vollendung der Welt der Gott aller derer ist und bleibt, die im Singen und Beten in seine Worte einstimmen.

Ein Beispiel für die vielfältige und reichhaltige Wirkungsgeschichte des Liedes bietet eine Ausgabe von Heinrich Alberts Arien aus der Bibliothek des Dichters Johannes Bobrowski (1917–1965). Neben anderen hob Bobrowski auch das „Morgen-Lied" durch einen Hinweis hervor – es gehörte zu den von ihm besonders geschätzten Gedichten.[7]

Die Melodie[8] markiert eine Epochenwende der Musikgeschichte. Heinrich Albert hat in seinem Wirken als Königsberger Hofkapellmeister einen neuen Stil entwickelt, der die selbständige Melodieführung gegenüber der traditionellen Polyphonie stärker gewichtete. Zwar ist unsere Melodie noch die Oberstimme eines fünfstimmigen motettischen Satzes, ist aber bereits zusammen mit der Bassstimme und den dazugehörigen Harmonien musikalisch komplett. Sie steht damit am Beginn des generalbassbegleiteten

---

[6] WA 30 I, 249. 366; EG 806.2.

[7] Gedichte des Königsberger Dichterkreises aus Heinrich Alberts Arien und musicalischer Kürbishütte (1638–1650) hrsg. von L.[eopold] H.[ermann] Fischer, Halle a.S. 1883–1884 (Neudrucke deutscher Litteraturwerke des XVI. und XVII. Jahrhunderts 44–47); vgl. Dalia Bukauskaitė, Kommentierter Katalog der nachgelassenen Bibliothek von Johannes Bobrowski, Trier 2006, 196f.

[8] Zur musikgeschichtlichen Einordnung der Melodie verdanke ich Andreas Marti wichtige Hinweise.

Sololiedes, der „Aria", als deren Begründer im deutschsprachigen Raum Heinrich Albert gelten kann. Dazu gehören die klare periodische Gliederung, tonal korrespondierende Kadenzen, eine an den Textakzenten orientierte Deklamation und Verzierungselemente wie die Tonbindungen, die hier noch sparsam angewendet sind. Häufig ist es auch der dreizeitige Takt, der diesen Melodien besondere Eleganz verleiht.

Zwar sind sowohl der Dreiertakt als auch die Bindungen in späteren Gesangbüchern eliminiert worden, was die Melodie in eine Art kirchlichen Durchschnittsstil eingeebnet hat.[9] Die Wiederherstellung der ursprünglichen Fassung bereits im EKG hat ihr auch ihren ursprünglichen Affekt zurückgegeben, der hervorragend zur heiteren und zuversichtlichen Stimmung des Textes passt. Anders als manche späteren „Aria"-Melodien ist sie trotz ihrer Nähe zum solistischen oder kammermusikalischen Gesang für die Gemeinde gut singbar; der Tonumfang ist mit einer Oktave bescheiden, größere Intervalle kommen kaum vor, die gleichmäßige Rhythmik und Periodik erleichtern die Orientierung.

Gelegentlich wird auf eine Verwandtschaft mit der Genfer Melodie zu Psalm 42 hingewiesen,[10] die im deutschsprachigen Raum mit dem Text *Freu dich sehr, o meine Seele* verwendet wird. Albert hat diese Melodie wohl gekannt, die Ähnlichkeit geht aber über die – durch die Bindung bereits charakteristisch veränderte – Anfangsformel kaum hinaus.

JOHANNES SCHILLING

---

[9] Z. B. in Das grosse Cantional (Wolfgang Carl Briegel), Darmstadt 1687 – Z II,3614b.
[10] Z. B. Siegfried Fornaçon: Psalm 42 aus Genf, JLH 4 (1958/59) 113f.

Verzeichnis der Liedkommentare

EG	Heft	Seite	EG	Heft	Seite	EG	Heft	Seite	EG	Heft	Seite
1	[1]	52	70	[4]	42	139	[10]	80	183	[6/7]	63
2	[5]	3	71	[12]	47	140	[10]	84	184	[6/7]	72
3	[5]	5	72	[12]	52	141	[4]	74	185.1	[6/7]	79
4	[12]	3	73	[11]	26	142	[12]	77	185.2	[6/7]	82
5	[13]	3	74	[3]	36	143	[12]	80	185.3	[6/7]	83
6	[4]	3	75	[10]	35	144	[11]	88	185.4	[6/7]	84
7	[2]	3	76	[3]	40	145	[4]	78	185.5	[6/7]	86
8	[5]	10	77	[5]	49	146	[2]	94	186	[6/7]	90
9	[13]	10	78	[11]	33	147	[4]	83	187	[6/7]	92
10	[12]	12	79	[3]	45	148	[12]	85	188	[6/7]	94
11	[2]	7	80	[13]	36	149	[11]	92	189	[6/7]	97
12	[3]	3	81	[11]	37	150	[13]	45	190.1	[6/7]	100
13	[5]	17	82	[5]	54	151	[10]	91	190.2	[6/7]	102
14	[5]	22	83	[5]	60	152	[12]	93	190.3	[6/7]	103
15	[10]	3	84	[4]	53	153	[4]	89	190.4	[6/7]	105
16	[2]	11	85	[10]	40	154	[13]	55	191	[6/7]	107
17	[1]	58	86	[11]	44	155	[20]	3	192	[6/7]	116
18	[5]	28	87	[5]	71	156	[18]	3	193	[21]	3
19	[11]	3	88	[11]	48	157	[14]	17	194	[27]	3
20	[1]	62	89	[10]	53	158	[20]	9	195	[17]	17
21	[11]	8	90	[3]	49	159	[20]	13	196	[18]	18
22	[10]	9	91	[1]	85	160	[19]	15	197	[27]	5
23	[10]	11	92	[5]	75	161	[14]	21	198	[24]	3
24	[12]	16	93	[3]	52	162	[17]	3	199	[29]	3
25	[12]	25	94	[11]	53	163	[15]	3	200	[21]	9
26	[12]	32	95	[2]	55	164	[17]	7	201	[6/7]	121
27	[13]	16	96	[1]	89	165	[30]	3	202	[18]	22
28	[11]	10	97	[2]	59	166	[14]	25	203	[27]	8
29	[11]	12	98	[2]	62	167	[23]	3	204	[26]	15
30	[2]	17	99	[10]	55	168	[17]	9	205	[28]	3
31	[2]	26	100	[10]	61	169	[16]	3	206	[28]	5
32	[1]	65	101	[12]	56	170	[18]	9	207	[18]	30
33	[4]	9	102	[3]	56	171	[22]	3	208	[8]	16
34	[13]	23	103	[5]	81	172	[14]	31	209	[24]	6
35	[5]	31	104	[2]	66	173	[17]	15	210	[6/7]	123
36	[10]	23	105	[4]	58	174	[30]	11	211	[22]	7
37	[2]	28	106	[3]	61	175	[18]	14	212	[26]	20
38	[3]	7	107	[3]	66	176	[15]	7	213	[14]	33
39	[4]	14	108	[10]	65	177.1	[6/7]	9	214	[24]	10
40	[4]	17	109	[4]	63	177.2	[6/7]	9	215	[21]	15
41	[4]	21	110	[2]	71	177.3	[6/7]	9	216	[18]	35
42	[3]	12	111	[2]	75	178.1	[6/7]	13	217	[25]	3
43	[3]	17	112	[2]	79	178.2	[6/7]	14	218	[23]	8
44	[4]	26	113	[13]	41	178.3	[6/7]	15	219	[22]	11
45	[11]	17	114	[11]	59	178.4	[6/7]	16	220	[14]	38
46	[13]	28	115	[2]	85	178.5	[6/7]	20	221	[17]	23
47	[1]	69	116	[3]	68	178.6	[6/7]	20	222	[16]	8
48	[2]	34	117	[1]	92	178.7	[6/7]	20	223	[23]	14
49	[5]	36	118	[1]	95	178.8	[6/7]	20	224	[22]	17
50	[3]	21	119	[3]	73	178.9	[6/7]	22	225	[27]	13
51	[2]	37	120	[3]	78	178.10	[6/7]	23	226	[6/7]	126
52	[5]	39	121	[3]	81	178.11	[6/7]	24	227	[25]	8
53	[12]	35	122	[3]	84	178.12	[6/7]	25	228	[17]	27
54	[12]	39	123	[3]	90	178.13	[6/7]	26	229	[25]	15
55	[5]	44	124	[10]	69	178.14	[6/7]	28	230	[18]	37
56	[1]	72	125	[12]	63	179	[6/7]	32	231	[20]	18
57	[1]	77	126	[12]	70	180.1	[6/7]	37	232	[27]	17
58	[2]	40	127	[11]	63	180.2	[6/7]	40	233	[22]	21
59	[11]	22	128	[11]	68	180.3	[6/7]	42	234	[27]	23
60	[12]	43	129	[5]	87	180.4	[6/7]	45	235	[17]	30
61	[4]	31	130	[11]	72	181.1	[6/7]	48	236	[14]	44
62	[2]	44	131	[11]	77	181.2	[6/7]	48	237	[15]	9
63	[10]	28	132	[11]	81	181.3	[6/7]	48	238	[20]	23
64	[1]	81	133	[5]	91	181.4	[6/7]	50	239	[8]	20
65	[4]	36	134	[11]	83	181.5	[6/7]	51	240	[6/7]	131
66	[3]	25	135	[2]	89	181.6	[6/7]	55	241	[19]	18
67	[2]	48	136	[4]	68	181.7	[6/7]	56	242	[15]	14
68	[10]	30	137	[4]	71	181.8	[6/7]	58	243	[30]	15
69	[3]	31	138	[10]	76	182	[6/7]	59	244	[19]	25